미래 세계의 중심,
인공지능

미래생각발전소 13 미래 세계의 중심, 인공지능

초판 1쇄 발행 2017년 12월 15일
초판 3쇄 발행 2021년 1월 20일

글쓴이 박유곤 | **그린이** 이경국
펴낸이 김민지 | **펴낸곳** 미래M&B
등록 1993년 1월 8일(제10-772호)
주소 04030 서울시 마포구 동교로 134 미진빌딩 2층(서교동 464-41)
전화 02-562-1800 | **팩스** 02-562-1885
전자우편 mirae@miraemnb.com | **홈페이지** www.miraei.com
블로그 blog.naver.com/miraeibooks
ISBN 978-89-8394-832-8 74300 | ISBN 978-89-8394-550-1 (세트)

글 ⓒ 박유곤, 2017 그림 ⓒ 이경국, 2017

＊잘못 만들어진 책은 구입처에서 바꾸어 드립니다.
＊이 책은 저작권법에 따라 한국 내에서 보호받는 저작물이므로 무단 전재와 복제를 금합니다.

아이의 미래를 여는 힘, **미래i아이**는 미래M&B가 만든 유아·아동 도서 브랜드입니다.

지식과 생각의 레벨업
미래생각발전소

미래 세계의 중심,
인공지능

박유곤 글 | 이경국 그림

미래i아이

○ 머리말

인공지능과 더불어 사는 세상

　흔히 '지능은 곧 도구다.'라는 말을 하지요. 원시시대 인류가 사냥을 위해 돌도끼를 만든 것도 인간의 지능이 하나의 도구를 만드는 수단으로 쓰인 거라고 볼 수 있어요. 세계 7대 불가사의의 하나인 피라미드를 건설한 것도 따지고 보면 돌을 캐고 다듬고 그것을 실어 나를 수 있는 도구의 발명 때문에 가능했던 거랍니다. 이처럼 인간의 지능은 역사와 함께 수많은 도구를 만들며 발전하지요. 인공지능은 한마디로 인류 문명이 진화를 거듭하면서 탄생한 가장 위대한 도구랍니다.

　인공지능 기술 덕분에 인간의 삶은 훨씬 편리하고 풍요로워졌어요. 산업 분야에서는 인공지능 로봇이 사람 대신 작업을 함으로써 생산성도 높아졌고 사고도 줄일 수 있게 되었지요. 뿐만 아니라 집에서 사용하는 가전제품을 비롯하여 각종 인공지능 기술로 인해 우리는 일상생활에서도 여러 가지 혜택을 누리고 있어요.

　그동안 말로만 듣던 인공지능에 너도나도 관심을 갖게 된 것은 뭐니 뭐니 해도 바둑 천재 이세돌을 꺾고 바둑의 최강자가 된 알파고의 등장 때문일 거예요. 사실 인간은 이미 오래전부터 지구력이나 순발력, 그리고 정확성 등의 연산 능력에서 컴퓨터에게 밀렸어요. 이번 알파고

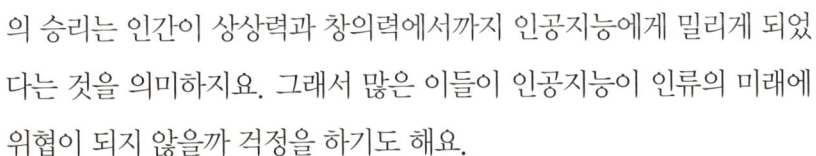

의 승리는 인간이 상상력과 창의력에서까지 인공지능에게 밀리게 되었다는 것을 의미하지요. 그래서 많은 이들이 인공지능이 인류의 미래에 위협이 되지 않을까 걱정을 하기도 해요.

    이 책은 인공지능에 대한 모든 것을 알기 쉽게 풀어서 설명하고 있어요. 인공지능이란 무엇이며, 어떤 원리로 어떤 단계를 거쳐 발전했는지, 그리고 미래의 인공지능 시대에 우리 사회는 과연 어떤 변화를 맞게 되는지 등등 여러 가지 궁금한 얘기를 다루고 있답니다. 요즘은 인공지능 기술이 음악도 작곡하고, 그림도 그리고, 책도 써요. 만약 이 책을 인공지능이 쓴다면 우리에게 어떤 이야기를 들려줄까 하는 상상을 하게 돼요.

    어쨌든 인공지능은 미래 세계의 중심이 될 거예요. 인공지능의 기술이 사람처럼 생각하고 스스로 목적을 갖고 진화하는 세상이 올지도 몰라요. 하지만 인공지능은 인간의 행복을 위해 만들어진 문명의 도구라는 사실을 잊지 말아야겠지요.

박유곤

머리말 ⋯ 4

Chapter 1 인공지능이란 무엇일까?

인공지능, 인간을 이기다 ⋯ 10
생활 속의 다양한 인공지능 ⋯ 13
로봇과 친구가 되다 ⋯ 16
인간의 뇌는 깨어 있는 기계 ⋯ 20
인류의 마지막 발명품 ⋯ 24
생각발전소 미래 인간과 로봇 ⋯ 26

Chapter 2 인공지능의 시작과 발전

인공지능의 선구자 앨런 튜링 ⋯ 30
생각발전소 컴퓨터와 인공지능의 시초가 된 암호 해독기 ⋯ 34
튜링테스트 ⋯ 36
생각발전소 표범의 무늬에도 수학적 논리와 질서가 있다 ⋯ 42
인공지능의 가능성을 예측하다 ⋯ 44
두뇌의 원리를 이용한 인공 신경망 ⋯ 46
세계 체스 챔피언이 된 슈퍼컴퓨터 '딥 블루' ⋯ 49
인공지능 '왓슨'의 무한 변신 ⋯ 51
이 시대 최고의 인공지능 '알파고' ⋯ 55
게임의 천재가 이룩한 21세기의 신화 ⋯ 58

Chapter 3 인공지능의 원리

인공지능의 4단계 ⋯ 62
기계 학습(머신 러닝) : 경험이 지능을 낳는다 ⋯ 65
생각발전소 고대 그리스 철학이 인공지능에 미친 영향 ⋯ 68
심화 학습(딥 러닝) : 분류를 통해 예측한다 ⋯ 70
심화 학습(딥 러닝)의 기원과 발전 ⋯ 74

Chapter 4 인공지능으로 달라지는 세상

피노키오와 지능을 갖춘 인형 … 80
인공지능이 운전하는 자동차 … 83
범인 잡는 인공지능 감시 카메라 … 86
인공지능이 진단하고 로봇이 수술한다 … 90
로봇 전쟁과 킬러 로봇 … 94
인공지능, 예술의 영역을 넘보다 … 99
710만 개의 일자리가 사라진다 … 103
생각발전소 4차 산업혁명과 인류의 미래 … 106

Chapter 5 영화적 상상력이 보여 준 인공지능의 미래

인간의 상상력이 만드는 미래 … 110
인간보다 더 인간적인 인공지능 … 113
인간과 대립하는 인공지능 … 117
인간과 결합하는 인공지능 … 122
생각발전소 2045년이 되면 사람은 죽지 않는다? … 126

Chapter 6 인류의 친구일까, 적일까?

강한 인공지능과 약한 인공지능 … 130
공상과학의 악몽이 실현될까? … 134
인공지능의 윤리와 인간다운 삶 … 138
생각발전소 인공지능 로봇과 드론의 인명 구조 … 142

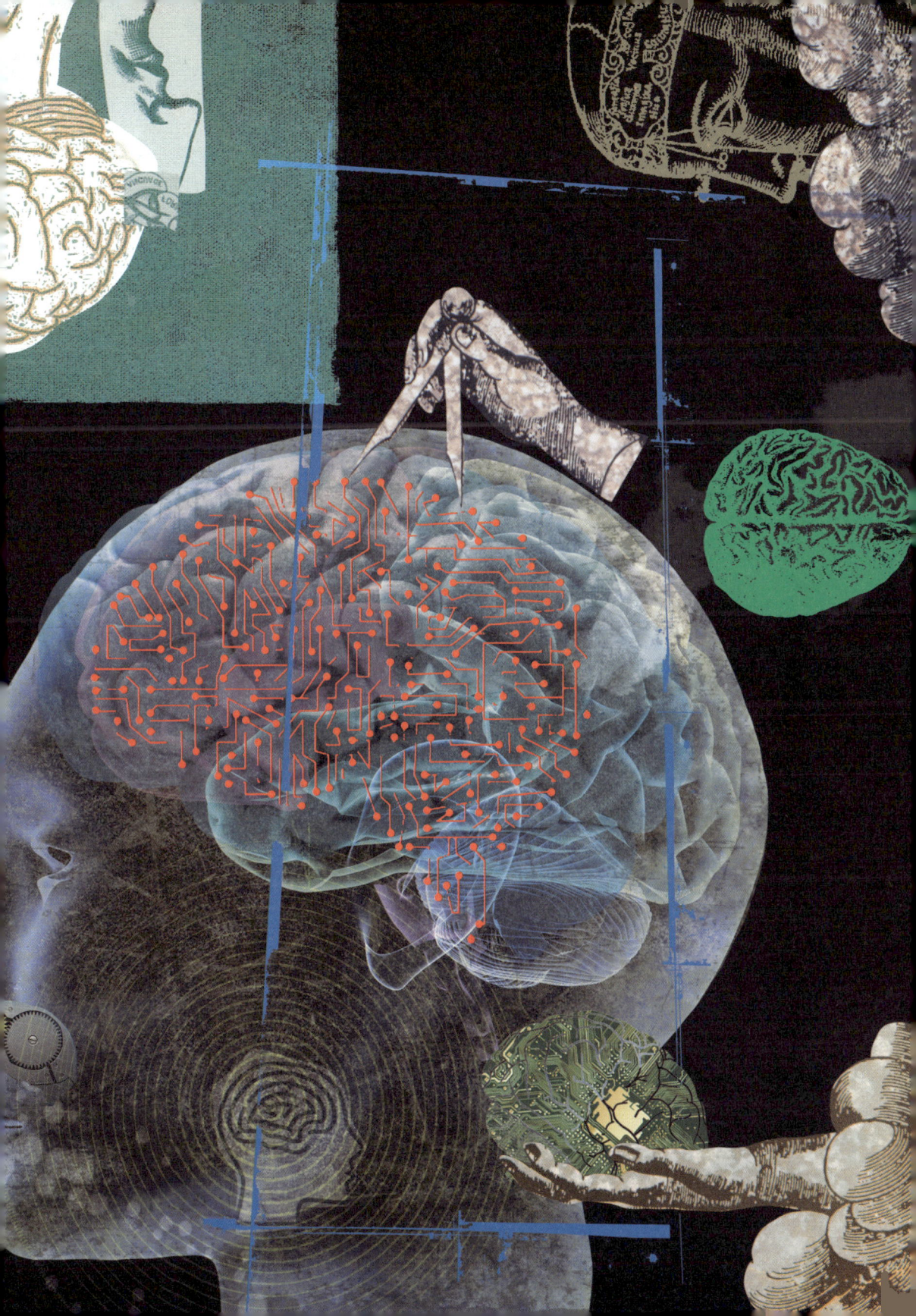

인공지능, 인간을 이기다

 기계가 스스로 배우고 사람처럼 생각하는 세상이 오면 어떻게 될까요?

그동안은 흔히 공상과학 영화에서나 등장하는 이야기라고 생각했지요. 2016년 3월, 인공지능 소프트웨어 알파고와 한국의 천재 기사 이세돌의 바둑 대결에서 알파고가 승리를 거두기 전까지는 말이에요. 전 세계가 지켜보는 가운데 펼쳐진 세기의 대결 결과에 많은 사람들이 충격에 휩싸였어요. 다행히 이세돌이 대국에서 내리 3판을 지다 1판을 이긴 것으로 그나마 위안을 삼았다고나 할까요? 인간의 두뇌가 기계의 놀라운 능력 앞에 무릎을 꿇은 순간이었답니다.

신문과 방송 등에서는 앞을 다투어 '인공지능, 인간을 이기다'라는 제목의 기사들을 내보냈어요. 인간이 최초로 달에 착륙한 역사적 사건에 비교하는 사람도 있었지요. 어쨌든 온 세계가 인공지능이 보여 준 실제적 힘에 놀라움과 함께 걱정을 감추지 못했지요. **먼 미래의 이야기로 알고 있던 인공지능이 현실로 다가왔고, 그 능력이 사람을 뛰어넘었으니까요.** 그러니 미래에는 인공지능이 인간의 사회를 통제할지 모른다는 생각을 갖는 것도 당연했답니다.

　이미 고전이 되어 버린 영화 〈터미네이터〉를 예로 들어 볼까요? 이 영화는 인간이 만든 기계에 의해 인류가 멸망할 수도 있다는 경고의 메시지를 담고 있지요. 군사용 컴퓨터 스카이넷은 스스로 학습을 할 수 있는 인공지능 시스템이에요. 어느 날, 스카이넷은 자기 존재를 깨닫고는 인간을 적으로 인식하여 핵 공격 명령을 내려요. 모든 것을 스카이넷에 맡기고 안심했던 인간들은 뒤늦게 기계의 위험을 깨닫지만, 이미 인간과 기계의 전쟁이 시작되고 말았습니다. 결국 인류의 지도자인 존 코너와 동료들의 활약으로 스카이넷이 파괴되면서 인간과 기계의 전쟁이 끝나지요. 컴퓨터가 인류를 위기로 몰아넣은 이 이야기는 많은 이들에게 인공지능이 불러올 미래의 가장 끔찍한 이야기로 기억되고 있어요.

실제로 인공지능은 얼마만큼 더 발전할 수 있으며, 미래의 인공지능 세계에서는 어떤 일들이 벌어질까요? 그리고 많은 사람들이 걱정하는 것처럼 인류에게 큰 위협이 될까요?

알파고의 이름

알파고(AlphaGo)는 '바둑에서 최고'라는 뜻이다. '최초', '처음', 최고'를 뜻하는 영어의 '알파'와 바둑을 뜻하는 한자의 일본 발음인 '고'가 합쳐져 만들어졌다. 바둑은 중국에서 처음 시작되었지만 서양에 바둑을 전파한 것은 일본이다. 그래서 바둑의 영어 표기도 일본어가 쓰이게 됐다. 알파고 개발의 총 책임자인 데이비드 실버 박사는 "우리의 목표는 인간의 행동을 모방하는 것이 아니라 인간을 이기는 것"이라는 말을 했다. 알파고는 이름 그대로 '바둑에서 최고'를 추구한다고 한다. 바둑에서 승리할 확률을 가장 높이는 것, 다시 말해 패배 확률을 최소화하도록 스스로 계산하는 것이 바로 알파고의 핵심 원리이다.

아인슈타인은 왜 바둑에 열광했을까?

바둑은 한정된 공간에서 벌이는 게임으로, 일종의 공간 싸움이다. 사람의 우뇌는 공간 지각력을 담당하는데, 바둑의 고수들을 보면 뇌의 구조가 평범한 사람들과 좀 다르다. 뇌에서 집중력이나 문제 해결 등의 기능을 맡은 부분이 특별히 발달했다고 한다. 서양의 체스를 동양의 장기로 본다면 서양에는 바둑에 해당되는 게임이 없다. 그래서 서양의 많은 과학자나 수학자들이 체스보다 더 지능적인 동양의 바둑에 흥미를 가졌다. 그만큼 바둑은 정복하기 어려운 게임이기 때문이다. 아인슈타인을 비롯하여 게임 이론을 연구한 수학자 존 내시, 앨런 튜링 등은 바둑을 무척 좋아했다. 바둑을 둘 때 경우의 수는 무한대에 가까우며 우주의 원자들의 수보다 훨씬 많다고 한다. 이처럼 무한한 확률을 가진 바둑 게임에 천재들이 열광한 것은 당연한 일이 아닐까?

생활 속의 다양한 인공지능

 사실 인공지능은 이미 오래전부터 우리의 일상생활 속에 깊이 파고들어 와 있어요.

세탁기만 보더라도, 예전에는 일일이 시간을 맞춰서 버튼을 눌러야 했어요. 하지만 인공지능 세탁기가 나오면서 빨래가 더러우면 좀 더 오래 세탁하고 헹구고, 탈수까지 알아서 자동으로 해 주지요.

또 최근에 선보이고 있는 많은 생활제품들이 인공지능으로 움직인답니다. 로봇 청소기는 먼지가 있는 위치를 알아서 찾아다니며 청소하고, 충전이 필요하면 스스로 충전기가 있는 곳으로 돌아가지요.

공기청정기도 마찬가지예요. 자체 센서로 바깥공기가 어떤지 알아내어 거기에 따라 공기 정화 능력을 스스로 조절해요. 이 기계는 창문이나 현관문이 열려 외부에서 나쁜 공기가 들어오면 알아서 움직여 공기를 정화한답니다. 한마디로 사람을 대신하여 알아서 척척 해결해 주는 인공지능 제품들이지요.

우리가 매일 사용하는 스마트폰에도 인공지능 기술이 들어 있어요. 그 대표적인 것이 바로 카메라의 초점을 자동으로 잡아 주는 '얼굴 인식' 기

능과 애플 아이폰의 시리와 같은 '음성 인식' 기능이에요.

요즘에는 유료 주차장에 가면 자동차 번호를 인식해서 주차 요금도 계산해 주며, 우체국에서는 우편물의 주소를 자동으로 읽어서 합리적인 배달 순서까지 만들어 주는 일에도 인공지능이 이용되고 있어요.

그 밖에도 우리는 생활 속에서 인

공지능의 많은 혜택을 누리고 있어요. 인터넷 검색을 할 때 자동으로 추천 검색어를 띄워 준다거나 자동차를 타고 갈 때 길 안내를 해 주는 내비게이션도 다 인공지능 덕분이지요.

이처럼 인공지능은 우리의 일상생활과 떼려야 뗄 수 없는 관계를 맺고 있답니다. 인공지능은 한마디로 사람 대신 합리적으로 판단해 필요한 결정을 해 주는 프로그램이라고 할 수 있어요.

로봇과 친구가 되다

인공지능 하면 로봇에 대한 이야기를 빼놓을 수 없겠지요. 여러분도 어릴 적에 장난감 로봇을 가지고 논 기억이 있을 거예요. 아마 어린이날 선물로 만화영화에 나오는 로봇 장난감을 사 달라고 조른 적도 있었을걸요. 스파이더맨 로봇이나 배트맨 로봇, 트랜스포머 등 영화에 등장하는 캐릭터를 딴 로봇들이 한때 큰 인기를 끌었지요. 이처럼 장난감 로봇을 가지고 놀면서 영화 속에서처럼 악당을 물리치고 힘없는 자를 도와주는 등 상상의 세계를 펼칠 수 있었답니다. 그런데 이런 장난감 로봇이 아닌 인공지능 로봇이 세상에 등장했어요.

인공지능 로봇의 등장은 세상에 새로운 변화를 몰고 왔어요.
〈스타워즈〉 영화를 보면서 혹시 내게도 아르투디투 같은 로봇이 하나 있었으면 하는 생각을 해 본 적은 없나요? 장난감 로봇이 아니라 실제로 친구처럼 얘기도 나누고, 숙제하다 모르는 것도 가르쳐 주고 심부름도 대신해 주면 얼마나 좋을까라고 말이에요.

　초기의 인공지능 로봇은 1970년대에 산업 분야에서 처음으로 이용되기 시작했어요. 주로 미국과 독일, 일본에서 로봇을 공장 등에 이용했는데, 사람이 하기 힘들고 위험한 일도 해 주어 여러 모로 편리하고 많은 도움을 주었지요. 1980년대부터는 로봇이 대량생산을 위한 자동화 작업에 쓰이게 되었고, 최근에 와서는 사람과 협력하여 일할 수 있는 산업용 로봇이 개발되고 있어요.

　이웃 나라 일본은 로봇 천국으로 알려져 있어요. 로봇이 사람을 대신하여 농사를 짓고, 환자를 돌보는 등 여러 가지 일을 해요. 이처럼 일본에서 로봇 개발이 활발하게 이루어지고 있는 이유는 일본 사람들이 유독 로봇에 대한 거부감이 없기 때문이랍니다.

노인 복지시설에서 노인들의 체조를 맡아 진행하는 '팔로'라는 로봇은 부착된 카메라로 얼굴을 인식할 수 있어 노인들의 이름을 불러 준대요. 로봇이 직접 이름을 불러 준다면 정말 친구 같은 생각이 들지 않을까요?

그리고 혼자 사는 외로운 노인들에게 말벗도 되어 주고 건강 상태도 체크해 주는 로봇도 있어요. 많은 노인들이 로봇에 의지하게 되면서 그동안 반려동물로 사랑을 받던 강아지나 고양이들이 스트레스를 받는다는 얘기도 있어요.

최근에는 일본 소프트뱅크가 개발한 인공지능 로봇 '페퍼'가 크게 인기를 끌고 있지요. 페퍼는 사람의 표정만 보고도 어떤 감정을 갖고 있는지 읽을 수 있어요. 그래서 노인들은 주변 사람들과 대화하듯 페퍼와 자연스러운 대화를 나눈답니다. 노인들은 귀가 어두워 다른 사람들이 하는 말을 잘 알아듣기 힘들기 때문에 대화를 하기가 쉽지 않아요. 그런데 로봇은 몇 번이고 되물어도 전혀 싫은 내색을 하지 않고 대답해 주니 더없이 좋은 대화 상대가 된답니다. 이런 식으로 뇌가 활발하게 운동하게 해 주어 치매 예방에도 큰 효과를 보고 있어요. 게다가 매일 노인들 하나하나의 표정과 목소리 등을 기록해 병의 상태나 회복 정도를 알아낸다니 뛰어난 간병인이자 의사 노릇까지 하고 있다고 볼 수 있어요.

tip 춤추는 로봇 나오미

최근에 선보인 인공지능 로봇 '나오미'는 로봇 '페퍼'의 여동생이라고 볼 수 있다. 일본 소프트뱅크가 아이비엠과 손잡고 개발한 로봇으로, 인공지능 왓슨의 기술을 바탕으로 움직인다. 간단한 한국말도 할 수 있고, 자동차 모양만 보고도 모델을 척척 알아맞힌다. 또 마이클 잭슨의 노래나 싸이의 〈강남 스타일〉 등의 노래에 맞춰 멋지게 춤출 수도 있다.

이처럼 인공지능의 기술은 하루가 다르게 발전해 가고 있어요. 인간의 두뇌는 참으로 놀라워요. 어떻게 기계가 사람을 대신하여 여러 가지 일을 하게 하는 발상을 하게 된 것일까요?

인공지능 로봇, 대학 입시에 도전하다

중국에서는 인공지능 로봇이 2017년도 대학 입시에 참가해 일반 학생들과 경쟁을 벌인다. 로봇도 다른 학생들처럼 정해진 시간 안에 문제를 풀어야 한다. 단 학생들과 나란히 앉아서 시험을 치르는 게 아니라 별도의 공간에서 감독관이 지켜보는 가운데 시험을 본다. 인터넷과 연결을 끊은 상태에서 자체 인공지능만으로 문제를 푼 뒤 연결된 프린터로 답안지를 출력한다. 수학 과목은 객관식이라 답이 정해져 있지만 언어나 주관식 문제는 좀 어렵지 않을까?

피자 배달하는 로봇

이제 얼마 안 있으면 로봇이 배달해 주는 갓 구운 따끈따끈한 피자를 먹을 수 있게 된다. 호주 도미노 피자에서는 세계 최초로 피자 배달 로봇을 선보였다. '드루'라는 이름의 이 로봇은 군사용 로봇을 개조해 만들었다. 4개의 바퀴로 움직이며, 시속 20킬로미터의 속도로 이동한다. 차도가 아닌 인도와 자전거 도로를 이용하는데 레이저 센서가 달려 있어 알아서 속도를 조정하고 장애물을 피할 수 있다.

드루는 높이 약 1미터에 무게는 190킬로그램 정도이다. 머리 부분에 피자가 식지 않게 보관하는 온장고와 콜라를 차갑게 보관하는 냉장고가 있으며 한 번에 10판을 배달한다. 피자를 주문한 고객은 주문 후에 휴대 전화를 통해 받은 보안 코드를 드루에 입력하면 보관함에서 피자와 콜라를 꺼낼 수 있다.

로봇 배달을 하게 되면 여러 가지 이점이 있다. 집을 잘못 찾거나 교통사고가 날 일도 없어 사람이 하는 실수를 줄일 수 있으니 안전하다. 또 인건비도 줄어 효율적이라고 한다. 이 배달 로봇은 아직 시험적으로 사용하는 단계이며, 2018년쯤에 실제로 피자 배달 서비스를 할 예정이다.

인간의 뇌는 깨어 있는 기계

사람은 무슨 일을 할 때, 두뇌로 생각을 하고 계산을 하여 실행에 옮겨요. 인공지능은 사람의 두뇌와 거의 비슷한 역할을 하는 일종의 '알고리즘'이에요. 알고리즘이란 쉽게 말하면 문제 해결에 필요한 절차라는 뜻이지요. 결국 인공지능은 인간 두뇌의 원리를 모방하여 만든 거지요.

최근 인공지능과 관련하여 '뇌 과학'에 대한 관심이 높아지고 있어요. 알파고 때문에 인공지능에 대해 관심이 많은 우리 어린이들도 뇌 과학이란 말을 들어 보았을 거예요. 현재 전 세계 과학의 흐름을 보면 모든 학문이 뇌와 연관되어 이루어지고 있다고 할 만큼 뇌는 모든 창조적 활동의 근본이자 인류의 중요한 재산이라고 할 수 있지요.

뇌는 우리 몸무게의 2퍼센트도 안 되지만 뛰어난 능력을 지닌 신비한 기관이에요. 뇌에는 무려 1000억 개나 되는 신경세포가 있으며, 1000분의 1초 만에 정보를 전달한답니다. 인간의 뇌는 동물의 뇌와는 여러 가지 면에서 달라요. 침팬지의 경우 태어나자마자 뇌의 성장이 멈추지요. 하지만 인간의 뇌는 두 살이 되기 전까지 계속 활발하게 성장해 사춘기까지 자란답니다.

아기가 엄마 배 속에 있을 때 들었던 태교 음악을 기억한다는 것은 이미 알려진 사실이에요. 뇌 과학자들에 따르면 사람의 두뇌는 경험한 것을 잘 구분해 정돈해 두었다 기억할 때 다시 짜 맞춘다고 해요. 생각이 날 듯 말 듯 하면서도 나지 않는 것은 이러한 과정이 활발하게 이루어지지 않기 때문이랍니다. 이처럼 뭔가 경험한 것을 기억을 하게 만드는 것은 두뇌의 신경세포 덕분이지요. 인간의 뇌는 한마디로 깨어 있는 기계라고 할 수 있어요.

뇌 과학이란 바로 이러한 뇌의 신비를 밝혀내서 인간의 정신적, 물리적 기능을 연구하는 학문이에요. 알파고의 아버지라 불리는 데미스 허사비스는 원래 천재적인 두뇌를 가진 게임 개발자였어요. 인공지능 개발을 위해 뇌 과학을 연구했지요.

허사비스는 연구를 통해 인간의 기억과 상상이 뇌의 같은 부분에서 일어난다는 것을 발견했어요. 세계적으로 유명한 과학 전문지인 〈사이언스〉지는 이 발견을 과학이 이루어 낸 위대한 성과의 하나로 꼽았답니다. 허사비스가 개발한 **인공지능 알파고도 뇌 과학 연구를 바탕으로 두뇌의 원리를 모방**한 것이지요.

사람은 뇌의 10퍼센트도 사용하지 못하고 죽는다는 말이 있어요. 상대성 이론을 발견한 천재 물리학자 아인슈타인도 평생 동안 뇌를 10~15퍼센트밖에 못 썼다고 해요. 하지만 뇌에 관해서는 아직까지 정확히 밝혀진 것이 없어요.

만약 사람이 뇌의 100퍼센트를 다 사용하게 된다면 어떤 일이 벌어질

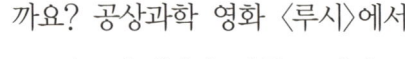

까요? 공상과학 영화 〈루시〉에서는 이 내용을 다루고 있지요. 영화에 나오는 여자 주인공은 인간의 한계를 뛰어넘은 가장 진화한 인류의 모습을 보여 주어요. 사람의 평균 뇌 사용량이 10퍼센트인데, 만약 24퍼센트를 사용하게 되면 자신의 몸을 완벽히 다룰 수 있대요. 뇌 사용량이 40퍼센트가 되면 모든 상황을 통제할 수 있게 되고요. 62퍼센트가 되면 다른 사람의 행동을 마음대로 좌지우지할 수 있고, 100퍼센트가 되면 인간의 한계를 뛰어넘는 상태가 된다고 해요.

인공지능 기술이 추구하는 것도 이와 같이 인간의 뇌를 최대한 사용하는 것이겠죠. 물론 영화 속 상상의 세계에서나 가능한 얘기겠지만, 인간의 욕망은 끝이 없어요. 늘 새로운 것에 도전하고 원하는 바를 이루기 위해 끊임없이 진화해 왔어요.

그리스 신화에 나오는 이카로스의 날개는 미지의 세계에 대한 인간의 동경과 인간의 한계를 상징해요. 이카로스의 아버지 다이달로스는 새의 깃털을 주워 모아 밀랍으로 붙여 날개를 만들어요. 그리고 완성된 날개를 몸에 붙이고 하늘을 날아올라 아들과 함께 크레타 섬의 미궁에서 탈출한답니다. 이 이야기는 인간의 욕망에 대한 하나의 경고를 담고 있어요. 날고 싶은 꿈을 이루지만 더 높이, 더 멀리 날려는 욕망 때문에 추락하고 만다는 것이지요.

만약 인간이 뇌를 100퍼센트 사용하게 된다면 전지전능한 신과 똑같아질까요? 인간이 신이 되는 세계에서 우리는 그리스나 로마 신화에 나오는 신처럼 살게 될까요? 그렇다면 과연 그 오랜 시간 동안 인류가 추구해 온 인간다운 삶은 어떻게 설명해야 될까요? 이처럼 인간의 두뇌가 가진 무한한 능력과 신비함은 오늘날 우리에게 많은 의문을 던져 주고 있어요.

인류의 마지막 발명품

'필요는 발명의 어머니'라는 말이 있듯이 인간의 역사는 한마디로 발명의 역사라고 할 수 있어요. 수많은 발명품 덕분에 삶이 편리해지고 풍요로워졌으며, 오늘날과 같은 문명을 이룩할 수 있었으니까요. 인류의 첫 발명품은 아마도 원시인들이 사냥에 사용했던 돌도끼가 아닐까요? 먹을 것을 구하려면 맨손보다는 도구를 사용하는 편이 당연히 쉬웠을 테니까요. 이어서 활과 창 등이 만들어지면서 좀 더 사냥이 능률적이 되고 먹을 것도 넉넉해졌겠죠. 그러다 보니 가족들이 안전하게 살 집이나 생활에 필요한 것들이 만들어지게 되었을 거고요.

원시시대의 발명품들이 단지 식량 확보와 생존을 위해 탄생한 거라면 이후에는 인류 문명의 수준을 향상시키는 발명품들이 나오지요. 만약 종이나 문자가 없었다면 앞서 살다간 사람들의 지식과 기술을 어떻게 배울 수 있었겠어요? 나침반이 발명되면서 신대륙 탐험이 시작되고 식민지 시대와 함께 세계 역사는 변화를 맞이하게 되지요. 자동차, 비행기, 원자폭탄 우주선, 컴퓨터 등등 획기적인 발명품들은 좋은 쪽으로든 나쁜 쪽으로든 인간의 삶을 크게 변화시켰어요. 다시 말해 인류 문명의 진화와 발전은 인간의 끝없는 상상이 만들어 낸 발명품이 없었다면 불가능했을 거예요.

그중에서도 인공지능은 최고의 발명품일 거예요. 역사와 함께 인간의 뇌는 끊임없이 진화했어요. 과학의 원리를 이용한 갖가지 발명품은 인간의 능력이 무한하다는 걸 보여 주었고, 마침내 **인간의 뇌를 모방한 획기적인 기술이 탄생**한 거죠. 무인 자동차, 인공지능 로봇 왓슨, 알파고 등 인간을 대신할 수 있는, 아니 인간보다 더 뛰어난 지능을 가진 프로그램을 만들어 낸 것이 바로 우리 인간이랍니다.

하지만 인공지능은 인류의 마지막 발명품일지도 몰라요. 인간이 죽지 않고 영생을 누릴 수 있는 명약이라도 발명된다면 모를까, 인공지능보다 더 나은 기술은 나오지 않을 거예요. 그만큼 인공지능의 잠재력은 무한하며 우리의 상상을 초월하는 것이니까요.

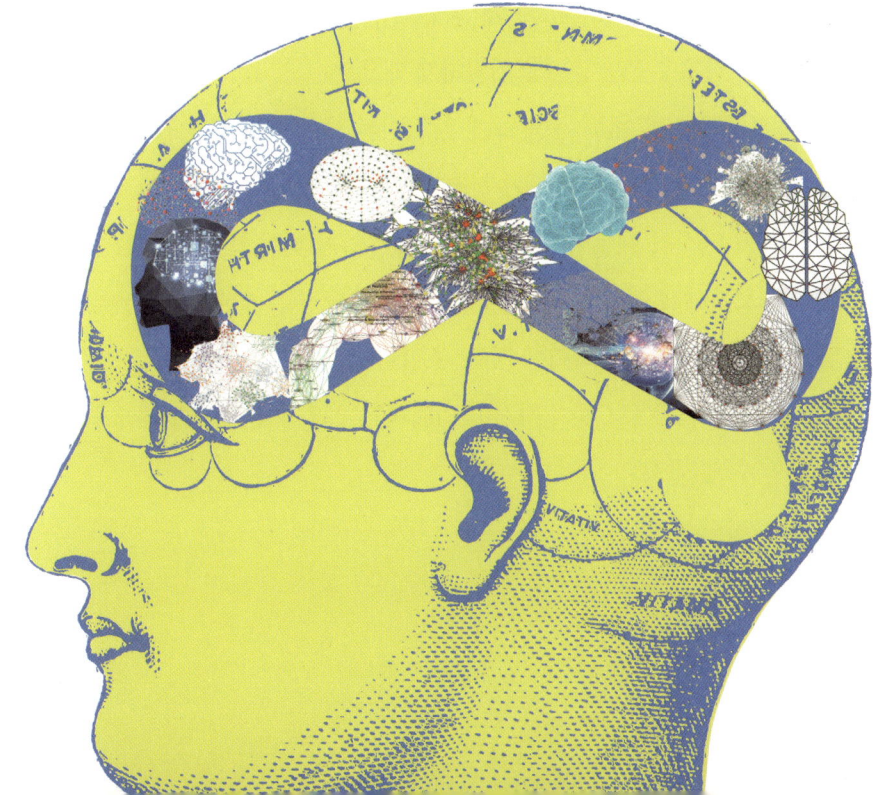

미래 인간과 로봇

현재 일본의 로봇 기술은 세계에서 가장 앞서가고 있어요. 로봇은 크게 두 종류로 구분하는데, 제조업에서 이용하는 산업용 로봇과 일본 소프트뱅크의 페퍼 같은 안내 역할을 하는 로봇이에요. 산업용 로봇은 물리적인 동작은 우수하게 하지만 '지능'이라는 요소가 부족해요.

안내 로봇은 스마트폰의 개인 비서와 비슷해요. 미리 프로그램된 질문과 답변을 바탕으로 작동하기 때문에 데이터베이스에 없는 질문이나 규칙을 벗어난 질문을 하면 혼란스러워하게 돼요.

로봇 청소기를 예로 들면, 로봇 청소기는 집 안의 먼지를 찾아내어 청소를 하지만 집 안 곳곳을 샅샅이 청소해 주지는 않아요. 집집마다 집의 구조나 모양이 다르기 때문이죠. 가구 배치라든가 더러움의 정도가 다 달라요. 따라서 로봇에게 이런 부분을 다 프로그램화할 수는 없어요. 집에 대해 잘 알고 있는 로봇이 필요하다는 거죠. 주인이 중요하게 생각하는 물건이 어디에 있고, 집 안의 어느 곳이 가장 더러워지기 쉬운가를 알아야 제대로 된 청소를 할 수 있지요.

우리 인간은 새로운 것을 배우고 능력을 점차 높여 가기 때문에 새로운 상황에 대처할 수 있어요. 로봇이 입력된 프로그램만으로 움직이는 게 아니라 기계 학습이 가능하게 된다면 정말 편리할 거예요. 미래에 더욱 발전하게 될 인공지능으로 인간과 로봇의 관계는 어떻게 될지 많은 궁금증을 갖게 되는 부분이랍니다.

그 밖에도 미래에는 배송 로봇이나 엔터테인먼트 로봇 등이 크게 인기를 끌 것으로 보여요. 피자를 배달하는 로봇에 대해서는 들어 봤을 거예요. 배송 로봇의 경우 세계 음식 배달용 로봇 시장이 2017년 200만 달러에서 2025년 13억 달러로 무려 650배나 성장할 것으로 기대하고 있답니다.

엔터테인먼트 로봇은 말 그대로 인간과의 상호작용을 통해 인간에게 즐거움을 제공해 줄 수 있는 로봇이에요. 휴머노이드 로봇 '미온'은 독일 오페라 무대에서 사람과 함께 공연을 하기도 했어요. 엔터테인먼트 로봇은 인간의 말과 행동, 나아가 감정도 이해해야 하기 때문에 고도의 인공지능 기능을 갖춰야 해요.

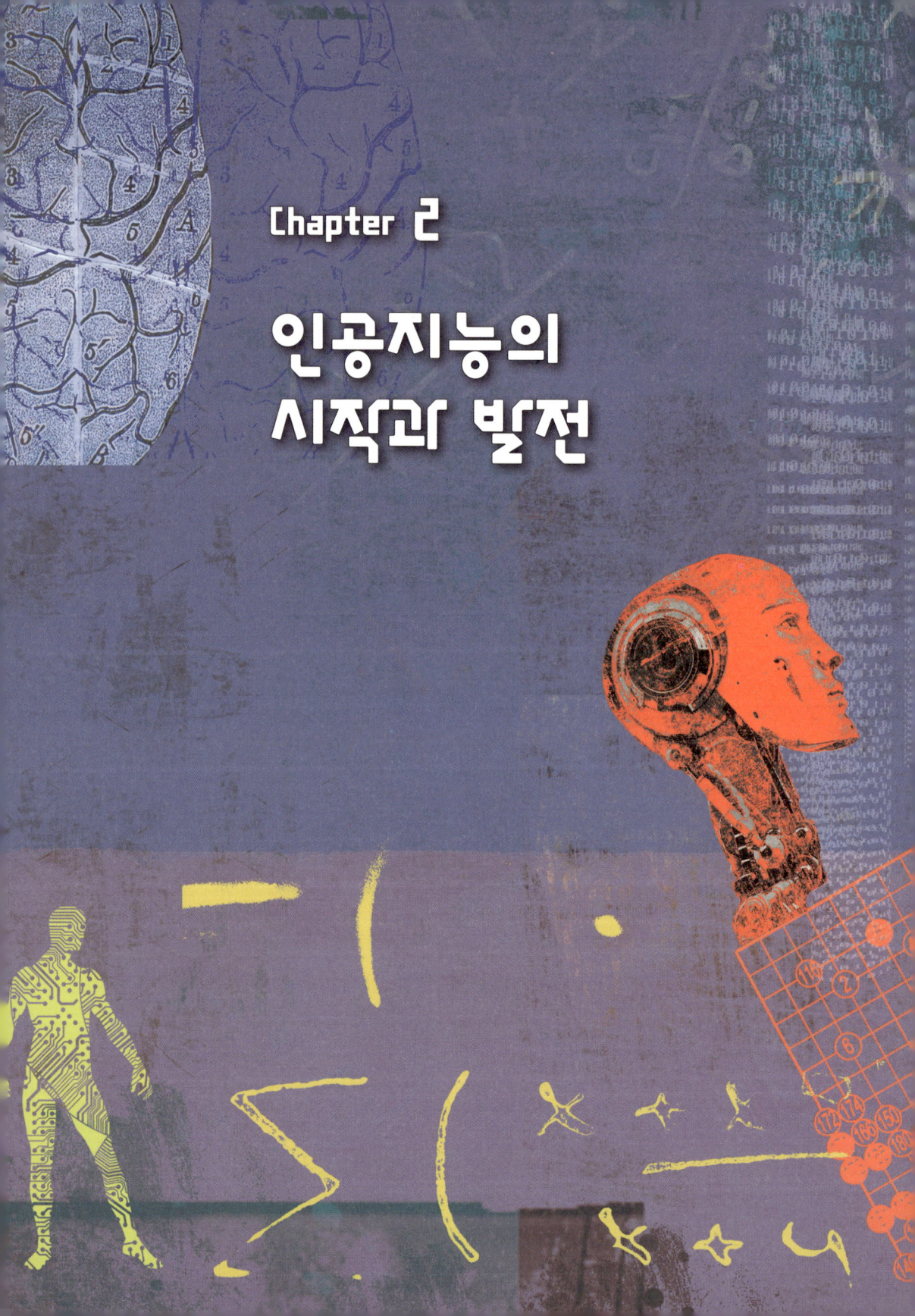

인공지능의 선구자 앨런 튜링

'기계가 사람처럼 생각할 수 있을까?'

이런 생각을 처음으로 한 사람은 누굴까요? 인간이 아닌 사물이 뭔가 생각을 하게 만든다는 것은 20세기 초반까지만 해도 누구도 상상 못 할 일이었지요. 하지만 영국의 천재 수학자 앨런 튜링은 계산기가 인간의 뇌를 모방할 수 있고, 그 기계의 능력이 갈수록 향상될 것이라고 예상했어요. 언젠가는 인간의 뇌를 모방한 기계의 능력이 향상되어 컴퓨터가 구한 답과 사람의 뇌가 구한 답을 구별할 수 없게 될 거라고 말이에요. 바로 기계가 생각할 수 있는 능력을 갖게 된다는 뜻이지요.

당시 튜링은 기계 장치로 모든 계산식을 풀 수 있다는 걸 증명해 보이기 위해 매우 간단한 기계 장치를 고안해 냈어요. 바로 그 유명한 '튜링 기계'예요. 정보가 기록된 테이프를 특수한 규칙에 따라 작동하는 기계에 집어넣으면 순서에 따라 계산을 반복하며 자동으로 답을 찾아낸다는 원리로 움직이지요.

튜링 기계는 오늘날 컴퓨터의 기원이 되며, 컴퓨터의 필수 구성 요소인 하드웨어, 소프트웨어, 입력장치, 출력장치의 개념을 모두 갖추고 있답니다. 그래서 앨런 튜링은 '컴퓨터 과학의 아버지', '인공지능의 창시자'로 불리지요. 이뿐 아니라 튜링은 암호학과 논리학에도 뛰어난 능력을 나타냈어요.

앨런 튜링은 우리에게 천재 암호 해독가로 잘 알려져 있어요. 제2차 세계대전 당시 가장 정교하고 난해한 암호 체계를 가진 독일군의 암호 기계 '에니그마'(그리스어로 수수께끼라는 뜻)를 해독해 연합군의 승리에 크게 기여했답니다.

앨런 튜링은 1912년 6월 23일 영국 런던에서 태어났어요. 당시 튜링의 부모님은 인도의 식민지를 통치하는 공무원으로 근무하고 있었기 때문에 튜링은 어린 시절을 큰형과 함께 영국의 다른 가정에서 보내야 했지요. 어려서부터 총명하여 글을 익힌 지 삼 주 만에 책을 읽을 수 있었고, 특히 계산과 퍼즐을 푸는 능력이 뛰어났다고 해요.

그는 1931년 케임브리지 대학에서 수학을 공부했으며 스물네 살인 1936년에 오늘날 컴퓨터의 기원이 된 '튜링 기계' 개념을 고안했지요. 1943년에 튜링은 진공관으로 '콜로서스'라는 해독기를 만들었어요. 그 암호 해독기가 하루에 3000개의 독일군 암호를 풀어냄으로써 제2차 대전이 끝나는 게 2년 정도 앞당겨졌다고 해요. 그러나 아쉽게도 콜로서스 해독기는 지금 남아 있지 않아요. 전쟁이 끝난 뒤 윈스턴 처칠은 비밀 보호를 위해 콜로서스 해독기를 모두 파괴하도록 지시했기 때문이지요.

전쟁 동안 튜링이 암호학과 통계학 분야에서 진행했던 연구에 대해서는 자세히 알려져 있지 않아요. 하지만 "튜링이 없었다면, 영국은 전쟁에서 분명 패했을 것이다."라는 얘기가 전해지는 것으로 보아 그의 업적을 충분히 짐작할 수 있지요. 당시 에니그마라고 불리는 독일군의 암호를 해독해 낸 튜링의 작업은 암호학의 새로운 기틀을 다졌어요. 통계학과 기계화할 수 있는 논리적 방법을 통해 모순을 없애 나감으로써 이를 토대로 정보과학의 탄생에 큰 영향을 끼치게 되었답니다.

전쟁이 끝나고 앨런 튜링은 1945년 10월 영국 국립물리연구소에서 영국의 첫 번째 컴퓨터라 할 수 있는 전자계산기 제작을 위해 일하면서 컴퓨터에 대한 연구를 계속했어요. 그러나 동성애자로 밝혀져 경찰과 군대의 감시를 받아 오다 1954년 42세의 젊은 나이에 스스로 목숨을 끊고 말지요.

2012년 프랑스에서는 튜링 탄생 100주년을 기념하여 장난감 레고 블록을 이용해 튜링 기계를 재현하기도 했어요. 수천 개의 레고 블록으로 구성된 이 장치는 15분 동안 알파벳 세 개 정도의 정보를 처리해요. 이 레고 튜링 기계는 '루벤스'라는 이름으로 불리는데, 휴대 전화가 1초면 처리할 수 있는 정보를 계산하는 데 3168년 295일 9시간 46분 40초가 걸린다고 해요. 비록 느리기는 하지만 적절한 기억 장소와 알고리즘만 주어진다면 어떠한 계산이라도 가능하다는 새로운 경험을 하게 해 주었답니다.

튜링은 1940년대부터 체스를 두는 기계를 만들 생각을 가지고 있었다고 해요. 게다가 더욱 흥미로운 점은 튜링이 생각한 체스 기계가 가능한 경우의 수를 빠르게 계산하는 방식의 기계가 아니라, 스스로 체스 두는 법을 학습하는 기계였다는 것이지요. 다시 말해 요즘 이야기하는 기계 학습을 70년 전에 고안했다는 사실이 정말 놀랍지요.

튜링의 상상을 약 70년 만에 현실화한 것이 바로 '알파고'예요. 이전에도 체스나 바둑을 두던 컴퓨터는 많았지만 어디까지나 사람이 체스나 바둑을 두는 알고리즘을 입력한 것에 지나지 않았어요. 이 컴퓨터들의 체스, 바둑 실력을 높이려면 인간이 더 높은 수준의 알고리즘을 제공해야만 했지요. 결국 이 컴퓨터들은 인간이 정해 준 알고리즘을 수행하는 역할을 할 뿐이었어요.

반면, 알파고는 튜링의 상상처럼 스스로 바둑 두는 법을 학습한 인공지능 컴퓨터랍니다. 일반 기계 학습 알고리즘을 바탕으로, 수많은 바둑의 기보를 데이터로 입력받아 스스로 바둑 두는 법을 학습하지요. 따라서 무려 70년 전에 기계 학습을 구상한 튜링은 충분히 인공지능의 선구자로 불릴 만해요.

컴퓨터와 인공지능의 시초가 된 암호 해독기

전쟁에서는 적의 정보를 알고 모르고가 승리하는 데 결정적인 역할을 해요. 암호는 정보가 남들에게 노출되지 않고 주고받는 사람만 알 수 있게 하는 보조 수단이랍니다. 2차 세계대전 때 독일군이 사용한 에니그마는 해독이 어려운 강력한 암호기로 유명하지요. 기계 장치를 이용해 문자를 바꾸는 경우의 수를 크게 늘린 암호 기계랍니다. 에니그마는 그리스어로 수수께끼라는 뜻을 가지고 있어요. 가로, 세로 30센티미터이며, 높이 15센티미터, 무게 30킬로그램으로 겉모습은 마치 타자기처럼 생겼지요. 애초에는 상업적인 용도로 개발되었는데, 독일 해군과 육군 공군에서 에니그마를 도입하면서 성능을 크게 향상시켰어요.

그런데 대부분의 암호문이 공중파를 거치므로 적국에서도 이 암호문을 손에 넣을 확률이 컸어요. 폴란드는 독일이 에니그마를 군사 목적으로 이용했을 때부터 에니그마의 암호 분석을 위해 전문 부서를 만들었다고 해요. 하지만 워낙 에니그마의 암호 체계가 복잡해서 쉽지가 않았지요. 그런데 암호 체계가 아무리 강력해도 이를 사용하는 것은 사람들이라 실수는 나오게 마련이에요. 암호병이 전해야 할 내용을 암호화하여 보내는 과정에서 정해진

규정을 어기는 바람에 암호를 해독할 수 있는 단서를 얻게 돼요. 게다가 프랑스에서 독일 병사들이 갖고 있는 에니그마 사용설명서를 손에 넣게 되면서 에니그마의 암호 체계 비밀이 하나씩 밝혀집니다. 하지만 해독하는 데 시간이 너무 오래 걸려 실제로는 큰 도움이 되지 못했답니다.

한편 영국 정보국에서도 에니그마 암호 해독에 매달렸어요. 런던 근교의 블레츨리 파크에 이름 있는 과학자들이 모두 모여 비밀리에 이 작업을 했는데, 수학자인 앨런 튜링도 함께하지요. 그리고 봄베라는 암호 해독기가 만들어지게 됩니다. 이 해독기는 해독 작업이 언제 끝날지 알 수가 없어 사람이 옆에 지키고 앉아 있어야 한다는 게 문제였지요. 그리고 계산 시간이 너무 오래 걸리는 바람에 기껏 암호를 해독하더라도 이미 공습이 시작된 뒤여서 헛수고가 되곤 했답니다. 과학자들은 보다 빠르고 자동화된 해독기가 필요하다는 생각을 하게 되는데, 그것이 오늘날 컴퓨터의 시초예요.

이후 영국 암호 해독 팀이 만든 봄베는 성능이 향상되어 마침내 에니그마의 코드를 모두 해독하게 되었어요. 독일 측에서는 이 사실을 감쪽같이 몰랐답니다. 암호 해독을 통해 독일군의 군사 전략 정보를 손에 넣었어도 독일군을 속이기 위해 즉시 대응 조치를 하지 않았기 때문이에요. 에니그마가 해독되었다는 것을 독일 측에서 모르게 하는 게 중요했거든요.

에니그마의 암호를 해독함으로써 2차 세계대전의 판도가 크게 바뀌었어요. 연합군의 승리는 아이젠하워나 처칠 등의 전쟁 영웅이 아니라 에니그마의 코드를 해독하여 미리 군사적 움직임의 정보를 알아낸 영국 과학자들의 공이 가장 컸다고 할 수 있답니다. 에니그마의 실체는 전쟁이 끝난 뒤에도 알려지지 않다가 1980년대에야 이르러 일반에 공개되었다고 해요.

튜링테스트

1950년 앨런 튜링이 고안한 튜링테스트는 한 마디로 인공지능을 가늠하는 기준이에요. 기계가 인간과 얼마나 비슷하게 대화하느냐를 기준으로 기계에 지능이 있는지를 알아내는 테스트지요. 인간이 보기에 인간처럼 보이는 것을 인간에 준하는 지능을 가졌다고 보는 거랍니다. 인공지능 분야에서는 튜링테스트가 중요한 역할을 해요. "기계가 생각할 줄 아는가?"라는 철학적 질문에 대해 과학적이고 구체적인 답을 제시하는 기준이 된다고 할 수 있지요.

인공지능 연구의 초기 단계에서는 지능에 대한 정의를 정확히 내리기가 어려웠어요. 철학에서도 인간이 무엇이고, 인간다운 것이 무엇인지 정확한 기준을 제시하지 못했으니 당연한 일이지요.

앨런 튜링은 1950년 한 잡지에 기계도 생각할 수 있다면서, 기계가 지능적이라고 볼 수 있는 조건을 다음과 같이 얘기했어요. 컴퓨터가 나타내는 반응이 인간과 구별할 수 없다면 컴퓨터는 인간처럼 생각할 수 있다고 봐야 한다는 주장이었지요.

튜링테스트의 과정은 먼저 질문을 하는 사람이 있고, 사람과 컴퓨터가 각각 그 질문에 답하게 돼요. 어느 쪽이 컴퓨터인지 모르게 둘 다 키보드를 통해 질문에 답하게 되지요. 이때 어느 쪽이 컴퓨터인지 구분을 못하게 되면 컴퓨터가 테스트를 통과했다고 볼 수 있답니다. 컴퓨터가 지능을 가졌다는 판정을 받게 되는 거죠. 오늘날에는 인공지능 연구 중 튜링테스트에 통과하는 것을 목표로 삼는 경우는 드물지만 이 테스트가 지니는 의미는 아주 크다고 할 수 있어요.

1966년에 개발된 프로그램 '일라이자'는 튜링테스트에 도전해 어느 정도 성과를 거둔 사례에 해당돼요. 일라이자는 미국 매사추세츠 공과대학에 근무하던 독일인 요제프 와이젠바움이 개발한 프로그램이에요. 일라이자라는 이름은 버나드 쇼의 희곡 〈피그말리온〉에 나오는 여주인공의 이름에서 따왔다고 해요. 이 프로그램은 사용자가 입력하는 말을 분석해 키워드를 찾아낸 후 이를 바탕으로 컴퓨터의 반응을 만들어 가는 방식을 사용했어요. 예를 들어 입력하는 말 가운데 '어머니'라는 단어가 나오면 가족에 대해 얘기해 보라며 대화를 이끌어 가는 식이지요.

일라이자는 환자와 정신과 상담을 하는 의사 역할을 맡아 컴퓨터 화면을 통해 문자로 환자들과 대화를 했는데, 많은 사람들이 진짜 의사로 착각을 할 정도였답니다. 물론 환자의 말을 잘 들어 주며 상담하는 제한된 설정인 데다 대화의 내용이 단조로워 실제 사람이 아니라는 것을 알아차리기 어렵다는 약점이 있었지요.

이후 1972년에는 '패리'라는 프로그램이 등장했어요. 미국 스탠퍼드 대학 인공지능 연구소의 케네스 콜비 교수가 개발한 프로그램으로 '패리'는 조현병 환자의 반응을 흉내 내도록 설계되었어요. 콜비 교수는 정신과 전문의들이 패리와 상담하도록 한 후, 이 대화 내용을 33명의 정신과 의사들에게 보여 주었어요. 실제 사람인 환자가 정신과 의사와 상담한 내용과 함께요. 그 결과 패리와 정신과 의사가 한 상담인지 실제 사람이 정신과 의사와 상담한 내용인지 알아맞힌 경우는 48퍼센트밖에 되지 않았답니다. 이 프로그램도 매우 제한된 조건에서 튜링테스트를 통과한 셈이지요.

한편, 정신과 의사 노릇을 한 일라이자와 조현병 환자를 흉내 낸 패리가 대화를 나누도록 실험을 한 적도 있어요. 둘 다 기계다 보니 서로 말꼬리만 붙잡고 늘어지는 바람에 대화가 제대로 이루어지지 않았다고 해요.

1990년대 들어오면서는 '챗봇'이라 불리는

채팅 기계들이 등장하여 컴퓨터 화면으로 대화를 나누게 돼요. 이들은 튜링테스트를 통과하기에는 한참 부족했답니다. 오히려 악성 코드를 퍼뜨리거나 불법으로 개인 정보를 수집하는 수단으로 악용되었지요.

2014년, 튜링테스트의 고안자인 튜링 박사가 세상이 떠난 지 60주년을 기념하여 영국 레딩 대학교에서 튜링테스트가 개최되었어요. 이날 모두 다섯 대의 슈퍼컴퓨터가 테스트에 참가했는데, 그중에서 '유진 구스트만'이라는 컴퓨터가 튜링테스트를 통과했답니다. 유진은 러시아인 블라디미르 베셀로프와 우크라이나인 유진 뎀첸코가 개발

한 슈퍼컴퓨터로, 우크라이나에 사는 열세 살 소년으로 설정돼 있었지요.

이 대회를 개최한 레딩 대학 측은 어떤 컴퓨터가 진짜 인간과 5분 동안 채팅으로 대화를 나누는 동안 이를 지켜본 이들 가운데 30퍼센트 이상의 사람이 그를 인간으로 착각한다면 그 컴퓨터가 튜링테스트를 통과한 것이라고 설명했어요. 유진의 경우 판정자 33퍼센트에게 인간으로 인정받았다고 해요. 더구나 미리 대화 내용을 정하지 않은 상태에서 일반적인 대화에 성공했다는 점에서 큰 의미를 지닌답니다.

하지만 오늘날 인공지능을 연구하는 이들은 대부분 튜링테스트에 대해 부정적 생각을 갖고 있어요. 이들은 오로지 지능 자체의 작동 양식을 탐구하는 데만 관심을 쏟아요. 인공지능 연구의 과학적 목표는 지능을 계산 결과로 이해하는 것이며, 공학적 목표는 어떤 유용한 방향으로 인간의 정신 능력을 초월하거나 확장하는 기계를 만드는 것이라고 주장하지요. 인간과의 대화가 아무리 지적이라 해도 이를 모방하려는 시도는 이 두 가지 목표 중 어느 것에도 기여하지 못한다고 생각한답니다. 비행기를 테스트하려면 얼마나 잘 나는지 보면 되지, 굳이 새와 비교할 필요는 없듯이 인공지능과 인간도 마찬가지예요. 비행기가 단순히 새를 모방하는 차원은 아니라는 얘기지요. 비행기는 나무에 앉지도 못하고, 강에서 물고기를 잡지도 못해요. 하지만 그 어떤 새도 1만 미터 상공에서 날 수 없고 더구나 음속보다 빠른 속도로 날 수도 없잖아요.

인공지능을 보다 유용하게 파악하려면 어떻게 인간의 행동을 모방할까 연구하기 위해 인공지능의 범위를 제한하기보다, 지능적으로 행동하기 위해서는 컴퓨터 시스템이 어떻게 구축되어야

<u>하는가를 연구</u>해야 한다고 주장한답니다.

  인공지능 기계는 인간이 할 수 없는 일까지 해내는 반면, 인간은 어떤 면에서는 기계보다 느리고 체력의 한계도 있으며 신뢰하기 어렵지요. 다시 말해 인공지능을 비롯하여 여러 유용한 컴퓨터 시스템들은 인간적이지 않다는 점에서 가치가 있답니다. 따라서 인간처럼 보이고 인간으로 인정받는 튜링테스트는 오히려 인공지능의 발전을 저해하는 요소로 보는 거예요.

애플의 로고는 왜 한입 먹다만 사과일까?

비운의 천재 앨런 튜링은 젊은 나이에 스스로 목숨을 끊어 많은 사람을 안타깝게 했다. 튜링은 동성애자였는데 당시에는 동성애가 법으로 금지돼 있었다. 동성애자라는 게 밝혀지자 튜링은 강제로 호르몬 주사를 맞아야 했고 탄압과 감시를 받았다. 결국 튜링은 독을 집어넣은 사과를 먹고 자살한다. 애플의 로고는 바로 튜링이 한입 베어 먹고 죽은 이 독사과를 상징한다는 이야기가 있다. 튜링이 동성애로 유죄 판결을 받은 지 61년 만인 2013년 영국 왕실은 튜링을 사면했고, 이로써 튜링은 자격과 권리를 회복하게 되었다.

튜링테스트와 뢰브너 상

발명가이자 사업가인 미국의 휴 뢰브너는 1991년에 뢰브너 상을 만들었다. 이 상은 튜링테스트를 처음으로 통과한 소프트웨어(챗봇)에게 순금으로 만든 금메달과 10만 달러의 상금을 수여한다. 이때부터 시작된 뢰브너 컨테스트는 튜링테스트를 이용하여 우승자를 가려내고 있다. 매년 우승자는 다른 컴퓨터에 비해 가장 인간에 가까운 컴퓨터에 수여된다. 2014년 최초로 튜링테스트를 통과한 '유진 구스트만'이란 슈퍼컴퓨터도 2001년, 2005년, 2008년 뢰브너 상 테스트에서 입상하기도 했다.

표범의 무늬에도 수학적 논리와 질서가 있다

동물에게는 왜 무늬가 있을까요? 진화론을 주장하는 학자들은 동물의 무늬가 살아남는 데 유리하게 진화하는 과정에서 생겼을 것이라고 추측해요. 무늬를 가진 종이 그렇지 않은 종보다 주위 환경에 효과적으로 적응할 수 있어 더 많이 살아남았다는 것이지요. 그런데 같은 고양잇과인데도 왜 호랑이, 표범, 사자는 무늬가 각각 다를까요? 동물의 무늬를 결정하는 데도 어떤 법칙이 있는 건 아닐까요? 여기에 대한 답을 최초로 제시한 사람이 바로 현대 컴퓨터 이론의 아버지이자 인공지능의 창시자라고 할 수 있는 앨런 튜링이에요.

튜링은 일찍이 생명 현상에서 나타나는 수학적 질서에 관심이 많았어요. 2차 세계대전이 끝나자 대학으로 돌아온 튜링은 다시 연구를 시작하지요. 그리고 미분방정식을 이용해 생물계에서 관찰되는 다양한 패턴을 설명하는 이론을 만들어 냅니다. 동물의 피부에 있는 무늬의 패턴이 이미 어미 배 속에서 화학적 반응에 의해 만들어지고 있다는 이론이지요. 튜링은 이를 수학적으로 입증할 수 있다는 가설을 세운 논문을 발표해요.

실제로 동물의 무늬는 멜라닌 색소의 농도에 따라 달라져요. 멜라닌 색소 농도를 그래프로 나타냈을 때 주기가 짧으면 점무늬가 나타나고 길면 띠무늬, 주기가 아주 짧거나 길면 민무늬가 생긴다고 해요. 호랑이나 얼룩말은 멜라닌 농도의 변화 주기가 길어 띠무늬를, 표범은 변화 주기가 짧아 점무늬를 가지며, 사자는 무늬가 없지요.

1988년, 영국의 수학자 제임스 머레이는 튜링이 세운 가설이 사실임을 증명하지요 어린 딸에게 동화책을 읽어 주다 딸이 왜 표범은 점무늬를 갖는지 묻는 질문에 호기심을 갖고 연구하게 되었다고 해요. 튜링이 이미 수십 년 앞서서 자연현상이 수학적 논리에 의해 치밀하고 조화롭게 이뤄지고 있음을 알고 있었다는 게 정말 놀랍지요. 동물이 다양한 무늬를 갖는 데는 수학적인 질서가 숨어 있다는 생각은 '풀 수 있는' 모든 수학 문제는 몇 개의 알고리즘만 있으면 답을 낼 수 있다는 현대 컴퓨터의 기본 개념과 크게 다르지 않다고 볼 수 있답니다.

24시간마다 바뀌는 독일의 에니그마 암호를 해독한 천재 튜링은 기발한 생각을 지닌 선구자적 인물이지요. 1949년에 발표한 논문 〈이미테이션 게임〉에서 튜링은 인간이 기계와 대화를 나누고 그 기계가 인간과 구별하기 어려울 정도라면 그 기계는 사고 능력을 갖고 있다고 주장해요. 이는 세계 체스 챔피언인 슈퍼컴퓨터 딥 블루나 바둑의 최고수 알파고로 대표되는 인공지능의 개념을 세운 것이라고 볼 수 있어요. 남들과 다르게 세상을 보는 눈을 가진 튜링은 이 시대의 레오나르도 다빈치로 평가받는답니다. 동성애자라는 이유로 탄압을 받다 자살한 튜링은 시대를 너무 앞서 태어나 불운한 삶을 마친 인물로 많은 이들의 안타까움을 자아내고 있지요.

인공지능의 가능성을 예측하다

인공지능이라는 말이 처음 세상에 나온 것은 무려 60년 전이에요. 1956년 미국 뉴햄프셔 주 다트머스 대학의 존 매카시는 이 분야에 관심을 가진 여러 학자들이 참석한 학술회의를 기획하면서 인공지능이라는 용어를 처음 사용했답니다. 존 매카시는 인공지능을 지능적 기계를 만드는 과학과 기술로 정의했어요. 다트머스 학술회의에서는 튜링의 '생각하는 기계'를 구체화하고 논리와 형식을 갖춘 시스템으로 발전시키는 방안이 논의되었답니다. 한 달 동안 진행된 이 회의는 비록 큰 성과를 거두지는 못했지만 인공지능 연구의 본격적인 시작을 알렸다는 점에서 중요한 의의가 있답니다.

초기 인공지능 학자들은 인공지능의 무한한 가능성을 확신하며 큰 기대를 걸었어요. 당시 다트머스 회의에 참석한 앨런 뉴얼과 허버트 사이먼은 10년 안에 컴퓨터가 체스 세계 챔피언의 자리에 오르게 되고, 예술성이 뛰어난 음악을 작곡할 것이라고 예언했어요. 그리고 마빈 민스키는 20세기에 인공지능이 거의 완성될 거라고 내다보았지요. 하지만 이들이 예측한 대로 되지는 않았어요. 인공지능 슈퍼컴퓨터가 체스 세계 챔피언을

꺾고 우승한 것은 1997년이었고, 21세기인 지금 인공지능이 결코 완성되었다고는 할 수 없으니까요.

초기의 인공지능은 주로 단순한 문제 풀이에 머무는 수준이었지요. 문제 해결을 위해서 작업을 수행하다 문제가 생기면 그 자리로 돌아와 다시 시작하는 구조여서 상당히 비효율적이었어요.

1960년대 말에 이르러 인공지능 과학자들은 일반적인 지능 프로그램을 만드는 것이 어렵다는 것을 알게 되었어요. 그래서 특정한 용도에서만 지능적인 동작을 보여주는 프로그램을 만들기 시작했답니다. 예를 들어 환자의 증상을 입력하면 병명을 알려 주는 프로그램 등이 여기에 해당되지요. 1970년대까지도 인공지능은 크게 진전을 보지 못했고 더구나 인공지능에 대한 비판적인 시각이 불거지면서 관련 연구도 주춤하게 되었지요.

두뇌의 원리를 이용한 인공 신경망

인공지능 연구가 점차 활기를 띠게 된 것은 1970년대 말부터예요. 연구자들은 지능적인 프로그램을 만들려면 지식이 필수적이라는 것을 발견했지요. 다시 말해 프로그램의 능력은 프로그램에 설계된 문제풀이 방식이 아니라 프로그램이 갖고 있는 지식에서 온다는 것이지요. 그래서 등장한 것이 바로 '전문가 시스템'이랍니다. 아이비엠(IBM)이 개발한 인공지능 '왓슨'이 바로 이 전문가 시스템의 대표적인 예라고 할 수 있어요. 왓슨은 어떤 질문이든 척척 대답하고 퀴즈쇼에도 나가서 실력이 쟁쟁한 사람들을 물리치고 우승을 했지요.

인공지능은 크게 두 가지로 나눌 수 있어요. 하나는 전문가 시스템이고 다른 하나는 학습을 바탕으로 인식하는 시스템이지요.

전문가 시스템은 전문 지식을 데이터베이스로 만들어 원하는 전문 지식을 쉽게 활용할 수 있도록 하는 시스템이에요. 학습한 것을 바탕으로 인식하는 시스템은 많은 데이터 중에서 공통적인 특징을 찾아내어 구분하는 인공지능이고요. 이를테면 사람은 고양이나 개를 보면 단번에 그것이 고양이인지 개인지 구분해요. 그동안 고양이와 개를 보면서 학습을 해

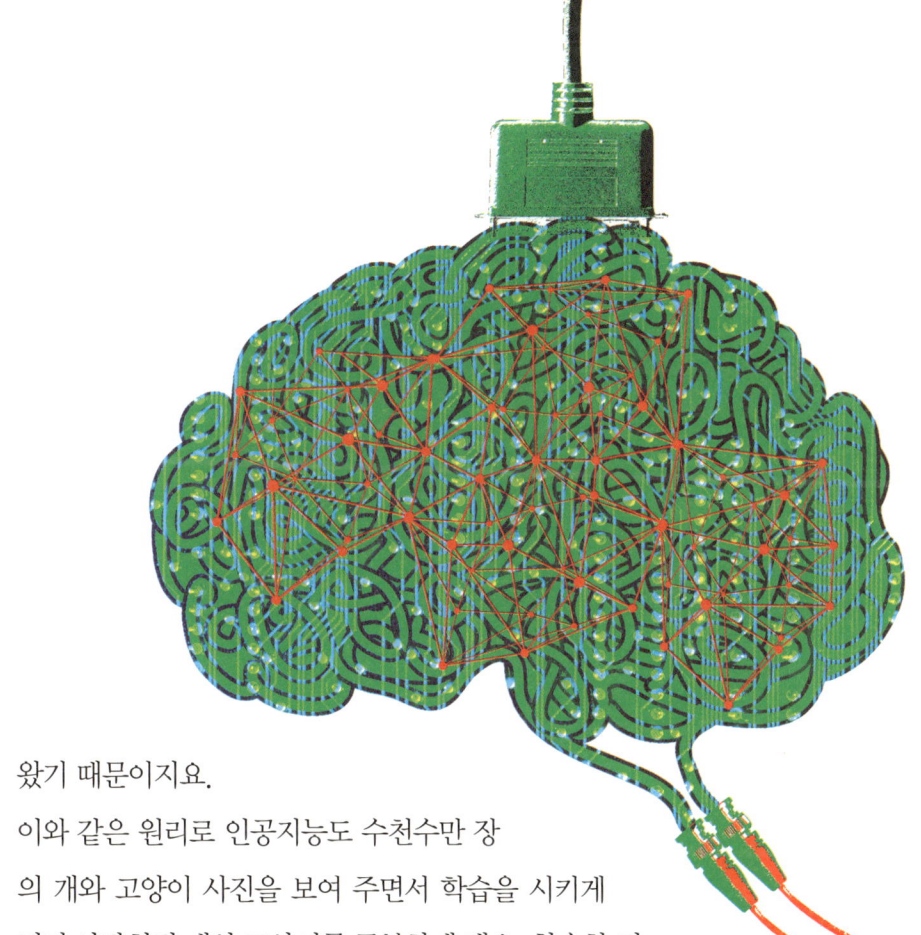

왔기 때문이지요.
이와 같은 원리로 인공지능도 수천수만 장의 개와 고양이 사진을 보여 주면서 학습을 시키게 되면 사람처럼 개와 고양이를 구분하게 돼요. 학습한 것을 바탕으로 스스로 공통점을 찾아내는 식이지요. 알파고가 바로 여기에 해당돼요.

　1980년대 들어오면서 인공지능 연구는 **신경망 이론**에 주목을 하게 되면서 비약적인 발전을 하지요. 여러분도 신경망 이론에 대해서는 한번쯤 들어 보았을 거예요. 쉽게 설명하자면, 우리 인간이 생각을 하는 것은 뇌의 신경세포 덕분이에요. 신경망이란 이 신경세포가 불규칙하게 또는 다발로 흩어져 있어 각각의 신경섬유가 그물 모양으로 연결되어 있는 것을 가리킨답니다.

이러한 뇌의 신경망을 분석하여 그 원리를 이용하면 생각하는 기계를 만들 수 있을 거라는 데서 출발한 것이 바로 신경망 이론이에요. 사실 신경망 이론은 생각하는 기계에 대한 논의가 시작되기도 전부터 나온 이론이지요. 1940년대부터 유명한 과학자들은 인간의 신경망을 모델로 하여 지능적인 기계를 만드는 일에 도전했답니다.

신경망 이론은 문제 해결에 있어서 그동안의 기호 처리 방식의 인공지능과는 큰 차이가 있어요. 인간의 두뇌 신경조직을 모델로 하여 단순한 기능을 하는 처리 기계들을 대규모로 서로 연결한 다음, 연결 강도를 조절하여 문제를 해결한답니다.

세계 체스 챔피언이 된 슈퍼컴퓨터 '딥 블루'

컴퓨터 기술이 발달하면서 모든 경우의 수를 계산해 가장 최선의 수를 찾는 방식이 등장하게 돼요. 이를 토대로 인공지능 기술은 1990년대부터 급속도로 발전을 하지요.

1997년 5월에는 컴퓨터가 체스 세계 챔피언인 가리 카스파로프와 겨루어서 승리하는 사건이 벌어졌어요. 러시아의 체스 선수 가리 카스파로프는 12년 동안이나 체스 세계 챔피언 자리를 지킨 인물이에요. 체스의 신을 꺾은 슈퍼컴퓨터 딥 블루의 등장에 온 세계가 놀랐지요. 이 일은 인공지능의 가능성을 다시 한 번 확인시켜 주는 계기가 되었답니다.

딥 블루는 체스 게임을 위해 미국 아이비엠에서 만든 컴퓨터예요. 과학자들이 8년 동안 심혈을 기울여 만든 것으로 높이가 2미터 무게가 1.4톤이나 되지요. 딥 블루는 체스의 수를 1초당 2억 개를 분석할 수 있으며, 과거 100년간 열린 주요 체스 대국 기보와 대가들의 게임 스타일이 저장돼 있답니다. 딥 블루는 체스 챔피언들이 치른 70만 회 이상의 대국 기록을 기억해 계산에 이용했어요.

딥 블루와 카스파로프의 대결은 모두 6차례에 걸쳐 벌어졌는데, 5차전까지 1승 1패 3무승부를 기록했어요. 마지막 6차전에서 체스의 신으로 군림해 온 가리 카스파로프는 19수 만에 스스로 패배를 인정했지요. 그러고는 컴퓨터에게 진 것에 화가 나 체스판을 뒤집어엎었답니다. 물론 뒤에 사과를 했지만요. 5차전을 치르는 동안 기계는 지치지도 않고 멀쩡한 반면 완전히 기운이 빠진 카스파로프는 이성을 잃을 정도였거든요. 이후 카스파로프는 체스를 완전히 그만두었고, 작가 겸 정치인으로 활동하고 있어요.

카스파로프는 딥 블루가 뛰어난 지능과 창의성을 가진 것처럼 느꼈다고 고백했지요. 그런데 체스 고수를 흔들리게 한 결정적인 수는 정작 프로그램 오류인 것으로 밝혀졌답니다.

인공지능 '왓슨'의 무한 변신

2010년에는 인공지능 '왓슨'이 세상에 선을 보여요. 딥 블루에 이어 아이비엠이 개발한 컴퓨터로, 냉장고 다섯 대를 합친 것과 맞먹는 크기랍니다. 아이비엠이 낳은 전설적인 인물인 토마스 왓슨 회장의 이름을 땄지요.

왓슨은 2011년 미국의 유명한 퀴즈쇼 프로그램 〈제퍼디〉에서 50년 역사상 처음으로 퀴즈의 달인들을 제치고 우승을 차지했어요. 제퍼디 퀴즈쇼는 단순한 형태의 질문이 아니라 말장난, 반어법, 유머 등 언어의 미묘한 차이에 대한 질문을 통해 답을 찾아내는 방식으로 진행되지요. 따라서 왓슨이 인간이 사용하는 언어의 복잡하고 미묘한 질문을 정확히 이해할 수 있고 답할 수 있다는 뜻이에요.

왓슨은 우선 사람이 지식을 학습하듯 백과사전과 신문·잡지, 교과서와 소설 등을 읽은 다음 사람이 지식을 쌓듯 읽은 내용을 스스로 분류해요. 예를 들어 '채소'는 '배추'나 '셀러리'와 연관이 있는 단어임을 통계적으로 추론하는 것이지요. 이렇게 분류된 지식을 이용해 몇 가지 답안을 만든 뒤 각 답안의 정답 확률을 다른 지식과 비교하고 계산하여 퀴즈를

푼답니다.

  왓슨은 사람의 뇌처럼 기억력, 공간 지각력, 판단력, 언어 능력 등을 가지고 있으며, 소설이나 영화 등을 보고 감상문을 쓸 수도 있어요. 인공지능 왓슨의 등장으로 그동안 특정한 분야에 국한돼 있던 인공지능 기술이 실생활에 활용되기 시작했어요. 최근 왓슨의 인공지능 기술이 각계 각 분야에서 중요하게 쓰이고 있다는 걸 볼 수 있어요. 개인 비서 역할은 물론 휴대폰 매장 등에서 손님들의 궁금한 사항에 직접 답해 주며 필요한 서비스를 제공하기도 해요.

  일본 소프트뱅크가 아이비엠과 손잡고 만든 인공지능 로봇 '페퍼'는 일본 내 1000여 개 커피 매장에 배치돼 손님들의 기호나 나이, 성별 등을 분석해 고객별 맞춤형 커피 추천 서비스를 하고 있답니다. 페퍼는 일본 말을 능숙하게 하며, 소프트뱅크의 휴대폰 매장에서는 사람을 대신해 인공지능 무인 점포 판매 로봇

역할을 해내고 있지요. 페퍼는 일본 후쿠시마 현의 히사시 고등학교에 정식으로 입학해 세계 최초의 로봇 고등학생이 돼 화제가 되기도 했답니다.

왓슨은 의사, 변호사, 요리사 등 여러 분야에서 활약하고 있어요.

미국 조지아 공대에서는 조교 역할을 맡아 학생들의 질문에 답하고 상담을 해 주었는데, 학생들은 몇 달 동안이나 조교의 정체를 정확히 알지 못했다고 해요. 왓슨은 또 항공기 제조업체 에어버스의 생산 공정에 투입되기도 했어요. 항공기 한 대를 만드는 데 필요한 3억 개의 부품 하나하나의 상태를 파악하여 문제가 생기기 전에 미리 정비하는 일을 하지요.

그 밖에도 환자의 병을 진단하거나 새로운 요리법을 구상하는 요리사, 그리고 유능한 변호사 역할도 한답니다. 인공지능 왓슨은 앞으로도 여러 분야에서 더욱 획기적으로 사용될 것으로 예상되고 있어서 많은 사람들의 관심을 끌고 있어요. 이와 같은 무한한 변신은 딥 러닝(심화 학습)이 바탕이 되기 때문이지요. 딥 러닝은 간단히 말해 컴퓨터가 여러 데이터를

이용해 마치 사람처럼 스스로 학습하는 인공 신경망 구조를 기반으로 한 기계 학습 기술을 가리켜요. 인간의 두뇌가 수많은 데이터 속에서 패턴을 발견한 뒤 사물을 구분하는 정보 처리 방식을 모방해 컴퓨터가 사물을 분별하도록 기계를 학습시키는 거지요. 이러한 딥 러닝 기술을 바탕으로 좀 더 똑똑해진 인공지능이 탄생해 세상을 깜짝 놀라게 한답니다.

인간과 대화할 수 있는 챗봇

토크봇, 챗 로봇, 채터봇 등 여러 가지 이름으로 불리는 챗봇은 사람과 문자로 대화하며 질문에 알맞은 답이나 각종 연관 정보를 제공하는 인공지능 커뮤니케이션 소프트웨어이다. 검색과 키워드 수집, 자연어 처리 능력이 발전하면서 챗봇은 사용자와 과거에 나눈 대화 내용을 분석할 수 있게 되었다. 질문에 대해 정확한 답을 하고, 다음 질문이 뭔지 예측할 수도 있다.

2000년대 초반에 등장한 문자 대화 서비스는 정해진 번호로 문자를 보내면 한가롭게 수다를 떨거나 말을 걸어 주는 답장 메시지 서비스였다. 대화는 챗봇이 사용자와 교류하는 중요한 수단인 셈이다. 마이크로소프트가 중국에서 선보인 챗봇 '샤오이스'는 사용자와 대화하면서 나눈 특정 정보를 기억하고, 며칠 뒤 대화에서 다시 '지난번 문제는 잘 해결됐느냐?'라는 식으로 안부를 묻기도 한다.

최근에는 단순한 답장 문자를 넘어서 챗봇이 처리하는 업무 능력이 눈에 띄게 향상되었다. 인공지능 알고리즘과 심화 학습 덕분이다. 애플의 시리, 마이크로소프트 코타나 역시 음성 인식 기능이 있는 챗봇의 일종이다. 시리와 코타나는 사용자의 음성을 인식해 날씨 정보를 제공하고 검색을 해 주며, 때로는 친구처럼 평범한 대화를 주고받기도 한다.

이 시대 최고의 인공지능 '알파고'

알파고는 잘 알려진 대로 인공지능 바둑 프로그램이에요. 2016년 바둑 천재 이세돌과의 대결에서 승리함으로써 알파고는 바야흐로 이 시대 최고의 인공지능이 되었어요.

바둑은 체스 같은 게임에 비해 컴퓨터가 인간을 이기기 훨씬 어려운 것으로 알려져 있었어요. 체스보다 경우의 수가 훨씬 많아서 인공지능 기법을 적용하기가 쉽지 않기 때문이에요. 알파고는 인공지능 1세대에 해당하는 아이비엠의 슈퍼컴퓨터 딥 블루와는 달라요. 딥 블루가 유리한 수를 무작위로 검색한다면 알파고는 과거 학습한 것을 바탕으로 하여 유리한 수만 계산하지요. 바로 사람의 두뇌처럼 신경망 구조로 작동하기 때문이에요.

신경망 구조는 중요한 것만 추려서 걸러내는 수법을 이용해 효용성이 떨어지는 경우의 수를 빨리 쳐낼 수 있다는 게 핵심이에요. 모든 경우의 수를 연산하지 않고 가지치기를 통해 중요한 것만 걸러내 효율성을 극대화하는 것이지요. 체스 대결에서 모든 경우의 수를 연산하는 딥 블루가 한 수마다 2억 개의 수를 검토한 반면, 알파고가 한 번 둘 때 검토하는 수는 10만 개에 불과했답니다. 쉽게 말해 딥 블루가 체스의 규칙을 입력해 개발된 전문가 시스템이라면 알파고는 대량의 데이터를 수집하고 분석해 스스로 바둑에서 이길 수 있는 방법을 찾아가는 소프트웨어예요.

바둑을 둘 때, 사람은 직관을 통해 누가 유리한지 판단하지만 기계는 그렇게 할 수 없었어요. 알파고는 전문 바둑 기사들이 과거에 두었던 기보를 통해 3000만 가지의 바둑판 상태를 뽑아내 데이터로 사용했어요. 프

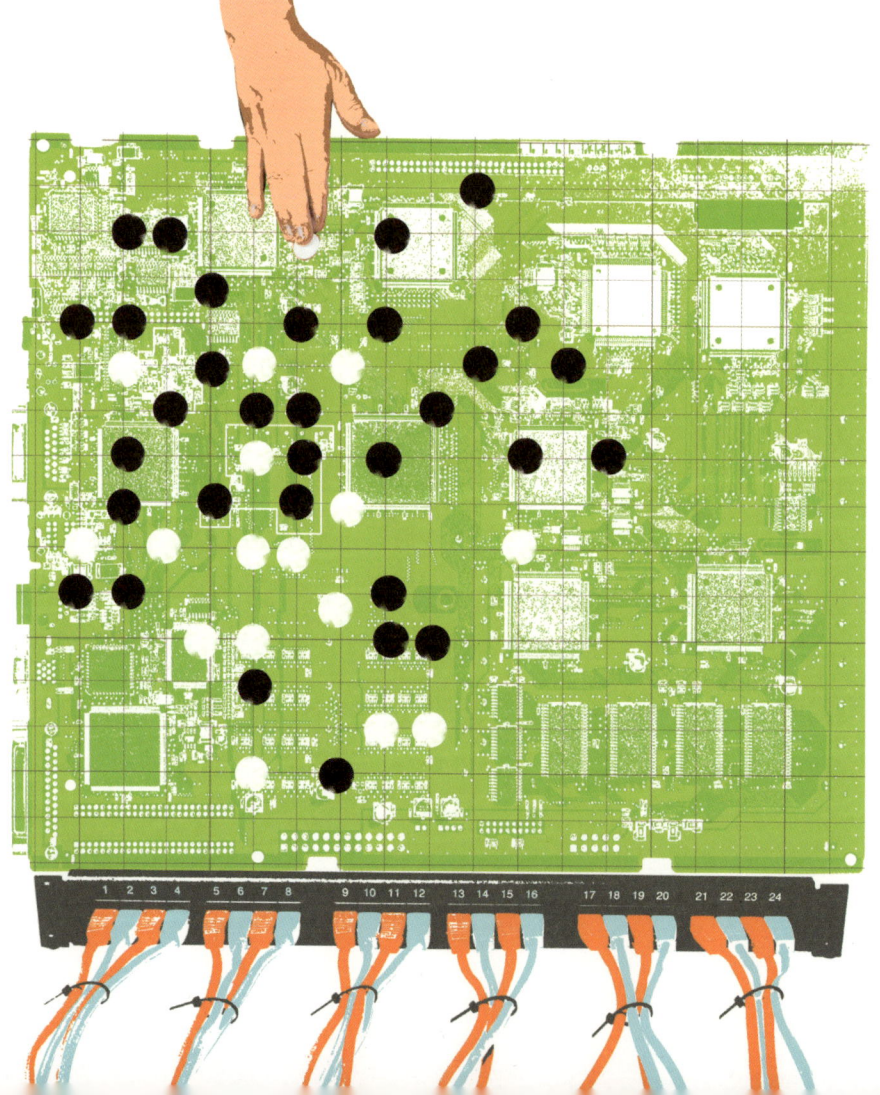

로 바둑 기사들의 전략을 최대한 모방할 수 있도록 학습했답니다. 학습을 강화하기 위해 같은 알파고끼리 128만 번이나 대국을 했다고 해요. 알파고는 이제 겨우 두 살이지만 삼십 대 중반인 이세돌 9단은 지금까지 3만 시간 동안 훈련을 한 것으로 알려졌어요.

알파고는 소프트웨어 명령의 실행이 이루어지는 부분인 중앙처리장치가 1200대 이상 연결된 슈퍼컴퓨터예요. 한마디로 빅데이터 연산을 수행하는 소프트웨어지요. 일반 프로 바둑 기사가 다음 수를 놓기 위해 보통 초당 100개의 경우의 수를 생각한다고 해요. 알파고는 초당 경우의 수 10만 개를 검색할 수 있답니다.

알파고는 또 개인용 일반 컴퓨터보다 8배 이상 빠르게 계산할 수 있는 장치가 500~600장이나 들어가 있어요. 바둑 한 수를 두기 위해 최고급 컴퓨터 4000~5000대가 동원되었다고 봐야 돼요. 따라서 인간의 상상을 초월하는 빠른 연산 능력에다 사람의 두뇌처럼 신경망 구조로 작동하는 알파고를 이길 수 없다는 건 당연한 일인지도 몰라요.

 알파고는 오목이나 알까기를 못 한다

알파고가 바둑으로 천재 바둑 기사 이세돌을 꺾었지만 이는 바둑에서뿐이다. 바둑을 위해 학습된 프로그램이기 때문이다. 비록 바둑의 최고수 자리를 차지했다고는 하나, 어린아이들도 두는 오목도 못 하고 알까기도 할 수 없다. 만약 알파고에게 바둑에서 이긴 소감을 물어보면 뭐라고 대답할까? 아마 질문의 뜻도 이해하지 못할 것이다. 설령 무슨 말인지 알았다 해도 그 대답은 "100101110101"이 아닐까? 인터뷰 알고리즘을 넣지 않는 이상 알파고는 대답을 할 수 없다. 알파고는 특정 영역에 대한 학습 능력은 뛰어나지만 다른 영역은 스스로 학습할 수는 없다는 뜻이다.

게임의 천재가 이룩한 21세기의 신화

인공지능 알파고가 세상에 나오기까지 한 천재 게임 개발자의 끊임없는 노력과 열정이 숨어 있었지요. 바로 알파고의 아버지로 불리는 데미스 허사비스예요. 허사비스는 1976년 영국에서 태어났어요. 네 살 때부터 체스를 시작해 열세 살 때 이미 체스 마스터가 된 신동이지요. 허사비스는 가족들 사이에서 별종으로 통했대요. 형제들은 모두 문학, 피아노, 작곡 등을 전공했는데, 그는 자나 깨나 컴퓨터만 붙들고 사니 그럴 만도 했겠지요. 허사비스는 훗날 자신은 집에서 외계인 같은 존재였다는 말을 털어놓았어요.

고등학교를 졸업하자 대학에 진학하지 않고 게임을 개발하는 회사에 들어가 전 세계에서 수백만 장이 팔린 게임을 개발하여 화제가 되기도 했지요. 스티브 잡스가 만약 대학을 졸업했더라면 오늘날의 애플은 없었을 거라는 말들을 해요. 만약 허사비스가 대학에 들어가려고 애썼다면 알파고는 탄생하지 못했을 거예요. 그만큼 어린 나이에 상상력과 창의력을 펼칠 기회를 잡은 것이지요.

이후 허사비스는 인공지능으로 관심을 돌려 대학에서 컴퓨터 공학과 뇌 과학을 공부해요. 2010년에는 직접 인공지능 기술회사 '딥마인드'를 세우고 본격적인 인공지능 개발에 나서지요. 2014년에 구글에서는 어마어마한 돈을 주고 딥마인드를 인수해요. 우리 돈으로 4322억 원을 주고 샀다고 하니 정말 굉장한 액수지요. 그리고 허사비스는 구글 식구가 되어 구글 연구진들의 도움으로 오늘의 알파고를 세상에 선보이게 된답니다.

허사비스는 왜 알파고를 통해 바둑의 최고 고수를 이기고 싶어 했을까요? 그만큼 바둑이 정복하기가 어려운 게임이기 때문이죠. 바둑의 경우의 수는 전 우주에 흩어져 있는 원자의 수를 합친 것보다 많다고 해요. 무한대에 가까운 경우의 수가 있다니, 정말 어마어마하죠?

허사비스는 인간의 신경망을 닮은 패턴 인식 기술을 바탕으로 기계 스스로 학습을 가능하게 하는 딥 러닝 기술을 이용해 바둑의 최강자를 꺾는 승리를 이루어 낸답니다. 인공지능 알파고가 이룩한 업적에는 게임과 컴퓨터 과학, 뇌 과학 이 세 가지가 중요한 역할을 했다고 볼 수 있지요.

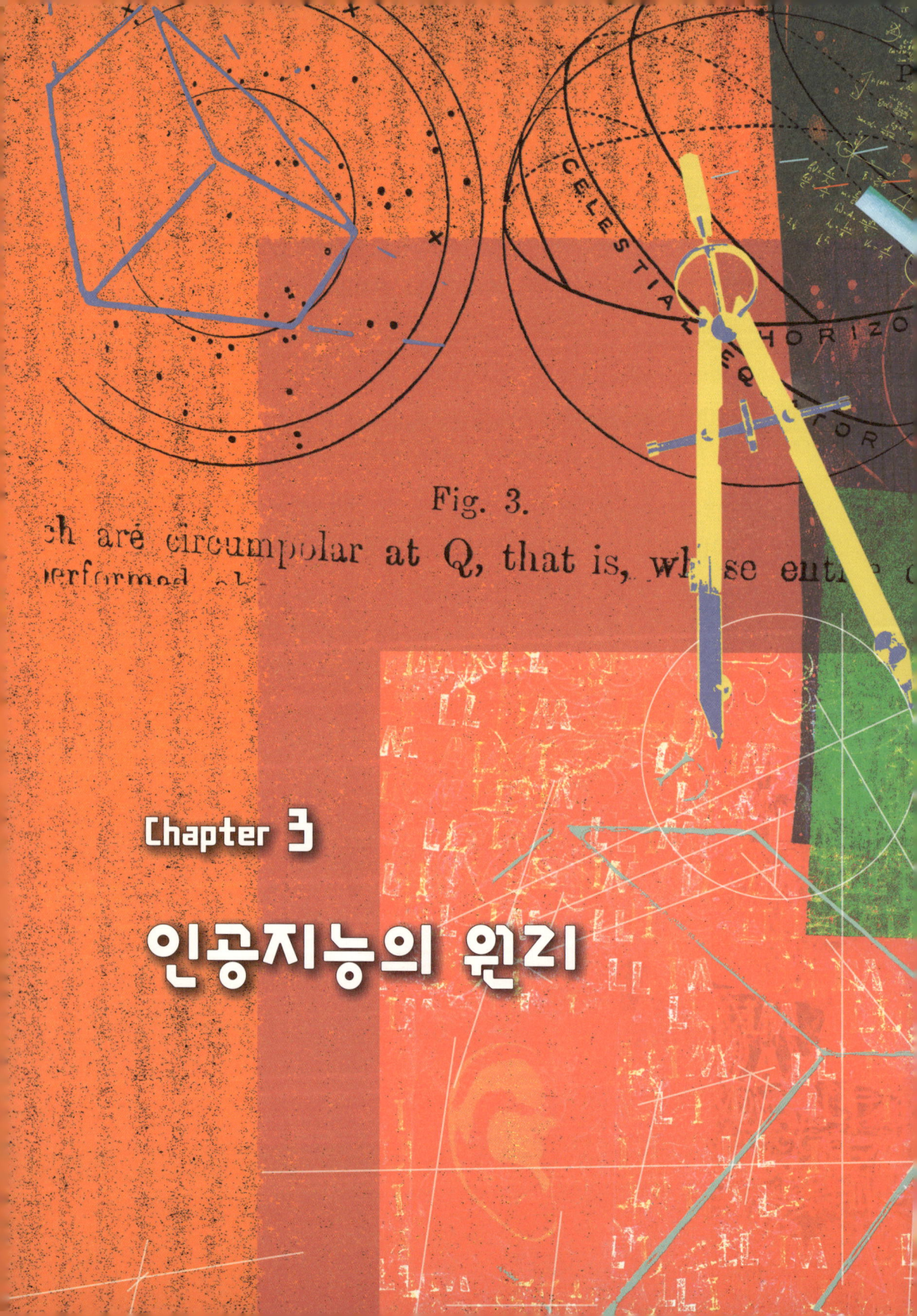

Chapter 3

인공지능의 원리

인공지능의 4단계

오늘날 기술 사회에서 인공지능의 중요성은 아무리 강조해도 지나치지 않아요. 하지만 이 기술을 올바르게 이해하고 더 발전시키기 위해서는 인공지능을 한낱 공상과학 영화의 이야깃거리가 아니라 좀 더 현실적으로 알아볼 필요가 있지요. 인공지능 기술은 과연 어떤 원리로 움직이며 어떤 과정을 통해 발전되어 왔을까요?

인공지능은 말 그대로 인간이 가진 지적 능력을 갖춘 컴퓨터 시스템이에요. 인간 고유의 지적 활동인 생각하고 학습하고 판단하는 능력을 컴퓨터를 통해 구현하는 기술이지요. 다시 말해 **인공지능의 궁극적인 목표는 사람처럼 생각하고 행동까지 할 수 있는 기계**를 개발하는 데 있답니다.

인공지능은 모두 4단계에 걸쳐 발전해 왔어요.

1단계는 단순한 제어 프로그램으로 작동되는 시스템이에요. 전자제품들인 청소기, 에어컨, 세탁기 등이 여기에 해당되지요.

2단계는 흔히 고전적인 인공지능으로 불리는데, 적절한 판단을 내리기 위해 지식을 바탕으로 논리적인 결론을 찾아내는 기능을 말해요. 로봇 청소기라든가 퀴즈 프로그램, 진단 프로그램 등이 있어요.

3단계는 기계 학습(머신 러닝)을 받아들인 인공지능이에요. 저장된 빅데이터를 바탕으로 규칙이나 지식을 스스로 학습하는 시스템이라고 할 수 있어요.

4단계는 심화 학습(딥 러닝)이 바탕이 된 인공지능으로, 기계 학습을 할 때의 데이터로 사용되는 특징 자체를 학습하지요.

생각하는 기계를 만들자는 발상에서 출발한 인공지능은 오늘날 심화 학습을 바탕으로 갈수록 비약적인 발전을 거듭하고 있답

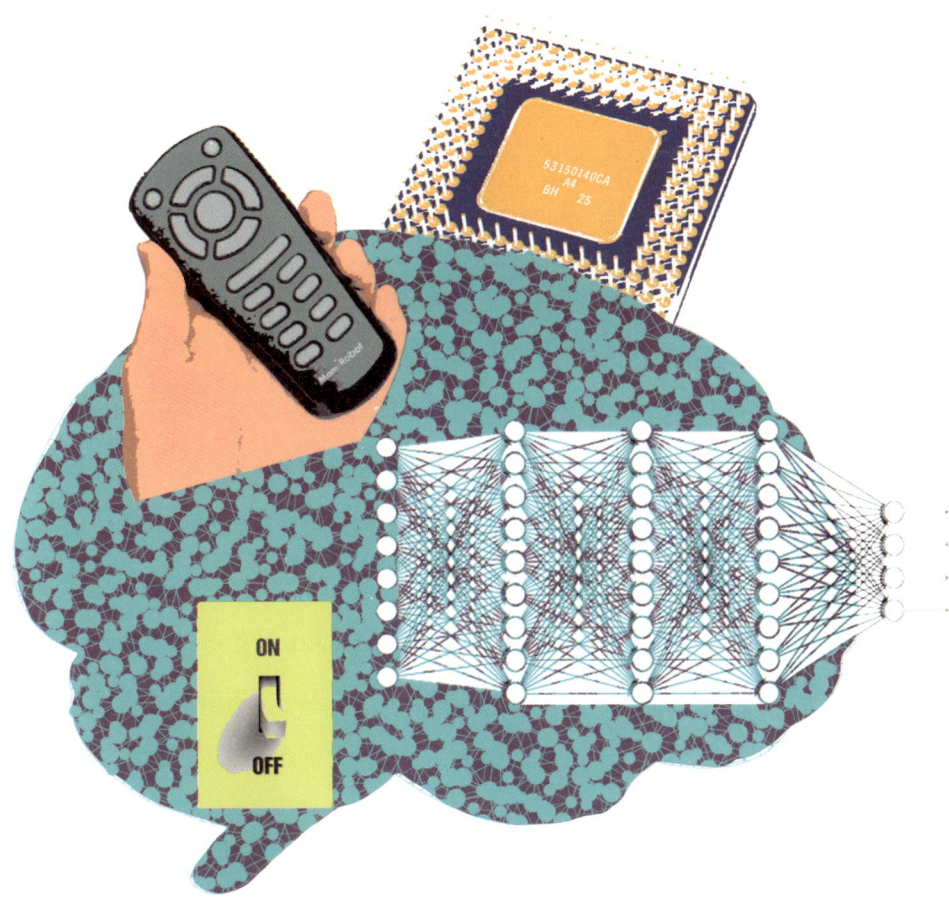

니다. 1956년 다트머스 학술회의에서 인공지능이라는 용어가 처음 탄생했다는 것은 앞에서 설명해서 알고 있을 거예요. 이 학술회의에 참석한 뉴웰과 사이먼은 논리 연산을 자동 증명하는 세계 첫 인공지능 프로그램 '로직 시어리스트'를 발표하기도 했지요.

그 무렵에는 컴퓨터가 논리적인 결론을 찾아내고 탐색을 통해 특정한 문제를 푸는 연구가 진행되었어요. 단순히 미로나 퍼즐을 풀거나 명확히 정의된 틀 안에서 다음 수를 생각하는 정도에 지나지 않았지요. 간단한 문제는 풀지만 병에 대한 치료법이나 어떤 제품을 개발하는 것이 좋은가 등의 복잡한 현실적인 문제는 풀지 못하는 수준이었답니다.

그러다 1970년대에 와서 컴퓨터는 지식을 넣어서 똑똑해지지요. 인간이 가진 일반 상식을 컴퓨터에 입력하게 됐거든요. 그리고 컴퓨터가 전문 분야의 지식을 받아들여 논리적인 결론을 찾아내어 그 분야의 전문가처럼 행세하게 돼요. 지식을 컴퓨터에 저장하기 위해서는 전문가의 의견을 청취하여 지식을 꺼내야 하는데 시간과 비용이 많이 들었지요. 지식을 넣어서 똑똑해지긴 했지만 문제의 의미를 이해해서 답을 찾는 데는 어려움이 있었어요. 말하자면 문제와 관련이 없는 지식을 제외하고 관계된 것만 찾아야 하거든요. 게다가 기호를 통해 입력되기 때문에 그 기호를 가지고는 무엇인지 알지 못하는 문제도 있었어요. 기호로는 고양이를 기술할 수 있지만 실제 고양이는 알아보지 못하는 식이었지요. 이처럼 실용적이고 예외적인 부분까지 대응하게 하려면 컴퓨터가 기호와 그것이 가리키는 의미를 연결시켜 이해해야 하는데, 이런 부분이 해결되지 않았답니다.

기계 학습(머신 러닝) : 경험이 지능을 낳는다

기계 학습(머신 러닝 Machine Learning)이란 간단히 말하면 기계가 사람처럼 학습하는 것을 말하는데, 컴퓨터가 스스로 방대한 데이터를 분석하고 그 경험을 통해 특정한 작업의 성능을 향상시키는 방법이에요. 전통적인 통계학을 바탕으로 하여 발전된 인공지능의 한 갈래이지요. 몇 가지 특정한 사건들보다는 다수의 사건에 대한 경험을 통해 그 패턴을 알아내어 이를 바탕으로 판단을 내리기 때문에 '패턴 인식'이라고도 불린답니다. 1990년대 들어와 인터넷이 발달하면서 데이터를 확률적, 통계적으로 분석하는 기계 학습 연구가 활기를 띠게 돼요.

 기계 학습 이전의 고전 인공지능은 다양한 상황들에 대해 인간이 정해준 규칙에 의해 따라 판단하는 논리 기계와 비슷했어요. 하지만 세상일들은 워낙 다양한 요인들에 의해 발생하며 또 때에 따라 일반적인 규칙으로는 설명하기 어려운 예외적인 상황도 벌어지지요. 그래서 고전 인공지능은 실제로 문제를 적용하는 데 있어서 무한한 경우들에 대해 끊임없이 수정하고 보완하는 일을 해야 했어요. 하지만 모든 경우에 다 대응할 수 있는 것은 아니어서 단순한 문제에만 적용 가능한 불완전한 인공지능일 수밖에 없었답니다.

　기계 학습은 사전에 입력된 지식에 의존하기보다는 데이터 그 자체에서 의미 있는 판단들을 뽑아내는 데 중점을 두고 이루어져요. 이처럼 기계 학습은 데이터의 양과 질에 따라 성능에 큰 차이가 있기 때문에 구글과 같은 기업은 사용자 데이터를 모으는 데 열을 올리고 있답니다.

　보통 기계 학습은 지도 학습과 비지도 학습으로 나뉘어요. 지도 학습 방식은 먼저 컴퓨터에게 정보를 가르쳐 주지요. 고양이 사진을 주고 사진에 있는 것이 고양이라고 알려 주면 컴퓨터는 학습한 것을 바탕으로 고양이 사진을 구분할 수 있게 돼요.

비지도 학습은 이러한 정보를 주지 않고 컴퓨터가 사진에 있는 것이 고양이라는 것을 학습하게 하는 거예요. 사람은 문제를 풀 때, 이러한 지도 학습과 비지도 학습의 과정을 모두 이용한다고 해요. 인공지능에서는 이러한 비지도 학습 방식이 더욱 중요한 역할을 하고 있답니다.

　기계 학습에는 어떤 종류의 특징을 이용

사람의 학습과 기계 학습의 차이점

학습이라고 하면 학교에 가서 배우는 것으로 생각하기 쉽다. 그러나 기계 학습은 사람의 학습과는 달라서 기계가 학교에 가는 일은 없다. 이를테면 주판으로 계산하는 것과 전자계산기를 사용하여 계산하는 방식 자체가 서로 다른 것과 같은 이치이다.
사람의 학습은 주로 직접 경험을 하거나 책을 외우는 과정을 거쳐 이뤄지지만 기계 학습은 경험이나 지식의 덩어리를 끼워 넣어 주기만 하면 된다. 사용되는 프로그램에 필요한 데이터나 규칙을 컴퓨터에 넣어 주는 것이다. 흔히 인공지능이라는 말 때문에 프로그램을 사람으로 착각하는 경향이 있다. 컴퓨터 프로그램은 사람의 구조를 가지지도 않았고, 사람과 비슷한 방식으로 작동하지도 않는다. 그저 데이터가 많으면 똑똑해진다.

하느냐가 매우 중요해요. 예를 들어 물고기와 강아지의 사진을 구분하는 문제를 푼다고 생각해 봐요. 둘을 구분하는 특징이 될 만한 게 뭐가 있을까요? 아무래도 털이 중요한 특징이 될 거예요. 털이 있느냐 없느냐에 따라 물고기인지 강아지인지 쉽게 구분할 수 있으니까요. 기계 학습의 효과를 높이려면 같은 사물을 비슷한 특징들로 묶거나 다른 사물과 구별되는 특징을 찾아내는 것이 중요하답니다. 기계 학습은 현재 기술 사회에서 뜨거운 주목을 받고 있지요.

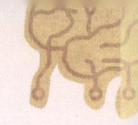

고대 그리스 철학이 인공지능에 미친 영향

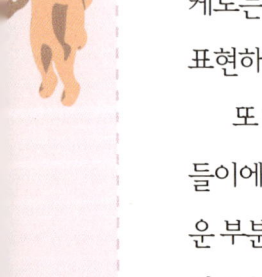

　아리스토텔레스는 소크라테스, 플라톤과 함께 고대 그리스의 가장 영향력 있는 학자이며 알렉산더 대왕의 스승으로도 잘 알려져 있어요. 물리학, 생물학, 논리학, 정치, 윤리 등 다양한 주제로 책을 펴냈는데, 생전에 쓴 책만 170권이나 된다고 해요. 한마디로 모르는 것이 없는 인물이었지요.

　아리스토텔레스는 두 종류로 책을 썼답니다. 하나는 그 당시의 일반 사람들을 위한 책으로 비교적 이해하기 쉬운 글들이에요. 수필, 시, 편지 등 일반인들을 상대로 쓴 작품들에는 주옥같은 문장들이 들어 있어요. 그래서 키케로는 이런 아리스토텔레스의 문장을 보고 "황금이 흐르는 강 같다."라고 표현하기도 했답니다.

　또 다른 하나는 아리스토텔레스가 제자들을 가르치기 위해 기록했던 글들이에요. 매우 어렵고 주로 전문적인 내용으로, 오랫동안 강의하면서 새로운 부분을 추가로 넣고 잘못된 부분은 지우기도 했답니다. 그래서 내용이 어렵고 논리적으로 연결되지 않은 부분이 많았다고 해요. 아리스토텔레스는 누구에게 보여 주기 위해 쓴 것이 아니기 때문에 자기만 아는 기호로 표시했어요. 이 강의 노트들을 그가 죽은 뒤에야 책으로 나오게 되었지요.

아리스토텔레스는 세상의 모든 것은 기호로 표시할 수 있다고 생각했고 기호와 기호와의 관계를 논리적으로 잘 연결하면 진실을 알 수 있다고 믿었지요. 초기의 인공지능은 컴퓨터에 정해진 정보를 집어넣어 문제를 해결하는 방식이었어요. 아리스토텔레스의 기호에 대한 믿음이 맞아떨어지는 것처럼 생각되었답니다. 하지만 오히려 사람이 쉽게 할 수 있는 일, 예를 들면 걷거나 얼굴을 알아본다든가 하는 일 등은 컴퓨터가 하지 못했지요. 세상의 모든 정보를 언어나 기호로 표현할 수는 없답니다. 실제로 언어나 기호로 표현할 수 있는 정보는 고작 10퍼센트 정도밖에 안 된다고 해요.

그렇다면 기호로 표현할 수 없는 나머지 90퍼센트 정보는 무엇일까요? 인공지능을 연구하는 뇌 과학 전문가 김대식 교수는 다음과 같이 설명해요.

"우리가 흔히 직관이라 부르는 요소다. 외계인이 우리에게 와서 '팔을 어떻게 드느냐?'라고 물었다고 치자. '그냥 들면 된다.'라고 대답할 수밖에 없다. 실제 과정은 '신경세포 몇 번 몇 번은 어떻게 움직이고 몇 번 세포는 쉬고….'라는 답이 정확하겠지만, 이런 식의 답은 아무도 못 한다. 하늘에서 떨어진 게 아니라 분명히 학습과 경험을 통해 만들어진 정보인데도 기호로 정리가 안 되는 지식을 우리는 직관이라고 한다. 인간도 직관은 책이나 말로 배울 수 없다. 기계도 마찬가지다."

아리스토텔레스의 기호 이론이 초기 인공지능의 출발에 중요한 토대가 된 건 사실이에요. 김대식 교수는 기호로 표현하지 못하는 정보를 학습하는 과정이 기계에도 필요하다는 걸 깨달으면서 인공지능 개발이 본격적으로 진행됐다고 얘기합니다.

심화 학습(딥 러닝) : 분류를 통해 예측한다

심화 학습(딥 러닝 Deep Learning)은 기계 학습의 일종으로, 컴퓨터가 사람의 뇌처럼 스스로 보고 배운 지식을 계속 쌓아 가면서 사물이나 데이터를 분류할 수 있도록 하는 인공지능 학습법이에요. 인간의 뇌를 모방한 인공 신경망을 바탕으로 한 인공지능 기술이지요. 인간의 두뇌는 수많은 데이터를 분류하고 패턴을 발견한 뒤 사물을 구분해요. 이러한 인간의 두뇌를 모방해 컴퓨터가 사물을 분별하도록 기계를 학습시키는 것이 바로 심화 학습 기술이에요. 심화 학습 기술을 적용하면 사람이 일일이 판단 기준을 정해 주지 않아도 컴퓨터 스스로 판단할 수 있게 된답니다.

알파고는 이 심화 학습 기술을 바탕으로 만들어졌어요.

심화 학습 기술은 주로 사진과 동영상, 음성 정보를 분류하고 분석하는 데 활용되고 있어요. 페이스북에서 사용자의 얼굴을 자동으로 인식하는 기술이라든가 유튜브에서 각 사용자에게 추천 영상을 보여 주는 기술들이 바로 여기에 해당되지요. 로봇의 인공지능 시스템 개발에도 심화 학습 기술을 도입하고 있으며, 최근에는 미국 실리콘밸리에 있는 기술 기업들

도 심화 학습 기술 활용에 큰 관심을 보이고 있답니다.

우리나라에서도 심화 학습에 대한 연구가 활발히 이루어지고 있어요. 검색 포털 서비스인 네이버는 뉴스 요약이나 이미지 분석 등에 심화 학습 기술을 적용하고 있는데, 그 차이가 청동기 시대에서 철기 시대로 넘어온 것과 같다고 얘기할 만큼 성능이 뚜렷하게 향상되었다고 해요.

이 밖에도 의료, 금융 등 우리의 일상생활 곳곳에서 심화 학습 기술이 활용되고 있지요. 예를 들어 무인 주행 자동차의 운행 프로그램에도 응용할 수 있답니다. 전통적인 프로그래밍에서는 컴퓨터가 앞에 횡단보도가 있는지, 횡단보도를 건너는 사람이 있는지, 그리고 길을 건너려고 뛰어오는 사람이 있는지 등등을 확인한 뒤에 주행을 하도록 했을 거예요. 심화 학습 기술은 이러한 기본적인 정보 처리 외에 안전하거나 위험한 횡단보도 상황을 담은 수많은 영상의 데이터베이스를 대상으로 컴퓨터가 학습하도록 하지요. 명령어로는 가르칠 수 없는 다양한 상황에서 컴퓨터가 결정을 내릴 수 있도록 말이에요.

얼마 전 개봉된 영화 〈그녀〉는 인공지능 컴퓨터와 사랑에 빠진 남자 이야기를 그려 크게 화제가 되었어요. 영화의 남자 주인공은 거의 하루 종일 컴퓨터 앞에서 다른 사람의 편지를 대신 써 주는 일을 하지요. 외롭고 쓸쓸한 일상 속에서 주인공은 어느 날 인간이 아닌 컴퓨터와 이야기를 나누게 돼요. 바로 '완전한 인격체'라고 광고하는 인공지능 운영체제를 컴퓨터에 설치한 것이지요.

주인공이 운영체제에게 혹시 이름이 있느냐고 묻자 운영체제는 잠시 생각하다가 '서맨사'라고 대답해요. 그러면서 방금 자기가 직접 지은 이름이라고 말한답니다. 운영체제는 100분의 2초 만에 ≪아기 이름 짓는 법≫이라는 책에 나오는 18만 개의 이름 가운데 하나를 골라 자신의 이름으로 삼아요. 발음할 때 소리가 좋다는 이유로 말이에요. 영화에서는 이 인공 지능 운영체제가 단순한 운영체제가 아니라 사람처럼 하나의 의식을 지닌 인격체로 소개한답니다. 인공지능의 심화 학습 기술은 컴퓨터가 사람처럼 배우고 생각하는 단계까지 이르렀어요.

컴퓨터에게 길 건너는 법을 가르치려면

만약 컴퓨터에게 길을 건너는 법을 가르치려면 어떤 방법이 효과적일까? 전통적인 방식에서는 컴퓨터에게 정확한 교통 법규와 함께 차가 지나가지 않는지 좌우를 살피고 횡단보도를 이용해 건너는 방법들을 알려 준다. 기계 학습 방식에서는 안전하게 길을 건너는 사람들의 영상을 담은 비디오 1만 개와 차 사고를 당한 사람들의 비디오 1만 개를 보여 주고 컴퓨터가 이를 분석하여 학습하도록 한다.

심화 학습(딥 러닝)의 기원과 발전

오늘날 심화 학습(딥 러닝)이 자리를 굳히기까지 어떠어떠한 과정을 거쳤는지 알아보려면 약 60년 전으로 거슬러 올라가야 해요. 1957년 천재 과학자 프랭크 로젠블랫은 심화 학습의 할아버지에 해당되는 '퍼셉트론'을 발명해요. **퍼셉트론은 인공 신경망의 한 종류로, 컴퓨터에 인공 신경세포들을 연결시켜 주면 논리 연산 규칙을 스스로 인식하게 된다**는 원리를 이용한 것이에요. 이른바 기계 학습의 시작이었답니다. 그런데 이 방식은 너무 단순해서 2차원 평면에서 직선 정도밖에 그리지 못하는 수준이었지요. 몇 년 뒤에 다른 연구자들은 단층 퍼셉트론만으로는 지극히 한정된 정보밖에 학습할 수 없다는 사실을 증명하지요. 보다 복잡한 정보를 학습하기 위해서는 다층 퍼셉트론이 필요한데, 당시에는 다층 퍼셉트론의 신경망을 학습시킬 수 있는 방법이 없었답니다.

이어서 **심화 학습의 아버지로 불리는 '다층 퍼셉트론'**이 등장해요. 단층 퍼셉트론을 여러 층으로 쌓아 올린 것이 다층 퍼셉트론이랍니다. 여러 번 반복하면서 결과를 보완해 나가는 방식이, 직선을 여러 개 긋는 효과를 가져와 기존에 풀지 못한 문제를 해결할 수 있게 된 것이지요. 이때부터 다층 퍼셉트론은 인공 신경망 방식이라는 이름을 갖게 돼요. 사람의 인지 과정과 마찬가지로 작은 신경망 단위인 단층 퍼셉트론이 여러 층으로 쌓여 결정을 내리기 때문에 수많은 과학적 상상력의 바탕이 되기도 했어요.

그런데 인공 신경망 방식은 또다시 한계에 부딪쳐요. 다층 퍼셉트론 방식을 이용하려면 미리 학습된 데이터가 필요하고 층이 늘어날수록 매우 느려진다는 것이지요. 게다가 진짜 값을 찾기 전에 미리 결론을 뽑아내어 학습이 도중에 중단되는 문제가 발견된답니다.

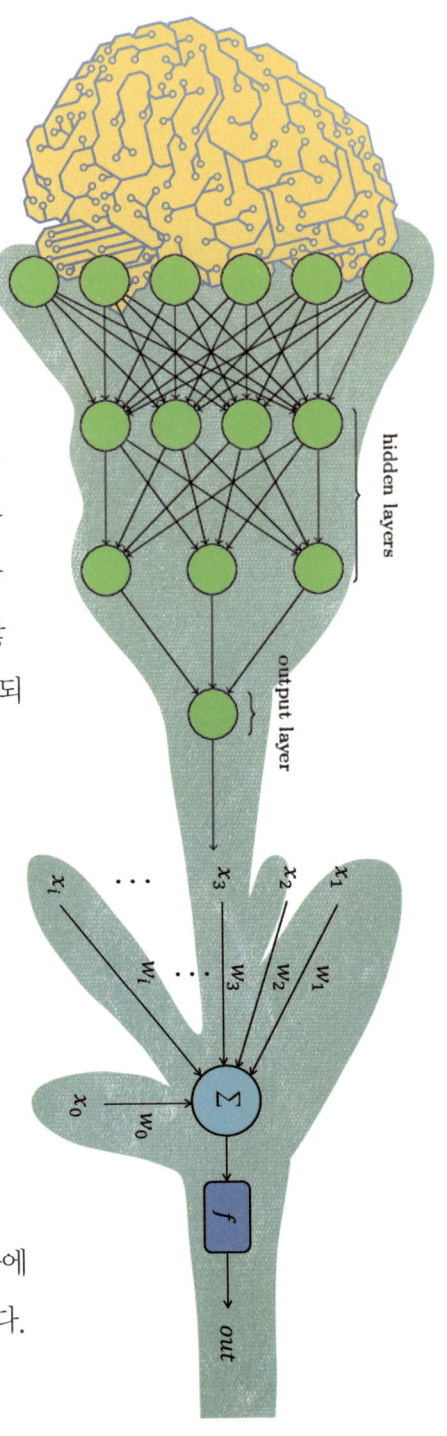

그래서 1980년대 후반부터 2000년대 중반까지 사실상 제자리걸음을 하는 상태에 머물고 말아요.

그러다 심화 학습이 개발되면서 활기를 띠게 됩니다. 심화 학습은 2006년 캐나다 토론토 대학의 제프리 힌튼 교수가 그 개념을 발표하면서 처음 알려지기 시작했어요. 이 방법이 처음 나왔을 때는 여러 가지 문제점이 있어서 현실적인 활용이 어려웠지요. 그런데 3차원 시뮬레이션이나 게임 등의 분야에서 엄청나게 빠른 연산 속도가 필요해졌고, 이를 해결하기 그래픽 처리장치 등 최신 하드웨어가 선을 보이게 돼요. 심화 학습의 초기 문제점들은 바로 이러한 장비의 개발 덕분에 해결된답니다. 연산속도가 빨라진 최신 컴퓨터 하드웨어가 심화 학습의 복잡한 알고리즘을 충분히 수용하게 되면서 심화 학습은 날개를 달게 되지요.

앞서 얘기했지만, 심화 학습은 여러 분야에 활용되고 있지요. 심지어 예술의 창의성에 도전하기도 했답니다. 한 실험에서는 고흐, 뭉크, 피카소 같은 거장의 작품들에서 화풍을 익힌 심화 학습 알고리즘이 평범한 사진을 거장의 그림으로 바꿀 수 있음을 보여 주기도 했어요.

그렇지만 심화 학습이 어디에서나 바로 능력을 발휘하지는 않아요. 먼저 심화 학습 알고리즘에 기존의 데이터를 제공해 학습을 시키려면 데이터의 성격이나 응용 목적에 따라 학습 방법이 각각 달라야 하거든요. 설령 많은 양의 데이터가 있더라도 그것을 기계 학습에 어떻게 활용할 것인지, 학습 효과를 높이려면 세밀한 조정 작업이 필요하다는 등의 문제가 생기지요. 그리고 만족할 만한 수준이 되려면 많은 비용이 들어갈 테고요. 인간이 원하는 그런 일반적인 지능 작업과 심화 학습이 실제로 할 수 있는 좁은 의미의 지능 작업에는 여전히 큰 차이가 있답니다.

심화 학습은 미래 인공지능의 희망으로 떠오르고 있어요. 알파고는 강력한 하드웨어 장치와 그 엔진의 성능을 높여 주는 자원인 빅데이터를 갖춤으로써 바둑 천재 이세돌을 꺾고 바둑 프로그램의 최강자가 될 수 있었지요. 심화 학습 방식에 대한 연구가 더욱 깊어지고 그래서 인공지능 기술이 한 걸음 더 진화된다면 우리는 앞으로 얼마나 더 놀라운 세상을 경험하게 될까요?

피노키오와 지능을 갖춘 인형

현재 우리 일상생활에서 가장 가까이 만날 수 있는 인공지능은 아마 스마트폰에 음성 인식 기능이 들어간 애플의 '시리'일 거예요. 스마트폰에 대고 근처에 가까운 맛집이 어디냐고 물으면 바로 맛집 정보와 지도를 알려 주지요. 일정 관리도 하나하나 찾아보지 않고 물어보기만 하면 돼요. 한마디로 음성 비서지요. 일일이 사람 손으로 검색하지 않고 말만 하면 척척 알아서 해 주니 정말 편리하답니다.

또 스마트폰으로 사진을 찍고 인터넷 사이트에 올리면 사진 속 인물의 나이와 성별에 대한 정보가 표시돼요. 인물의 표정만으로 심리 상태를 분석하는 기능도 있고요. 찍은 사진의 인물과 풍경 그리고 사진을 찍은 장소 등을 자동으로 분류해 주는 기능도 등장했지요. 수많은 데이터를 정보로 바꾼 뒤 공통된 요소를 찾아 분류하는 기계 학습 기술을 이용한 것이지요.

인공지능은 이제 우리 생활에 유용한 도구가 되고 있어요. 만약 우리가 온갖 사물과 대화할 수 있고, 그 사물들이 우리를 알아볼 뿐만 아니라 우리에게 필요한 게 뭔지 하나하나 알아서 처리해 준다면 정말 멋질 거예요.

  최근에는 애플의 인공지능 시리를 개발한 팀이 새롭게 차세대 인공지능 음성 서비스인 '비브'를 선보여 화제가 되고 있어요. 비브는 인공지능이 필요한 모든 분야를 연결하는 것을 목표로 개발되었지요. 시리는 작

업이 단순하고 프로그램이 제한적이어서 어떨 땐 정확한 답변을 하지만 어떨 땐 아주 엉뚱한 반응을 하기도 했어요. 비브는 시리를 한 단계 업그레이드한 것으로 다양한 응용 프로그램으로 작동되며 복합적인 질문에도 대응할 수 있답니다.

비브 개발자들은 테스트를 위해 비브에게 피자 주문을 시켰어요. 스마트폰에 대고 가까운 피자 가게에서 피자를 시켜 달라고 말하며, 피자 사이즈와, 따로 추가할 것 등등 여러 가지 주문을 했답니다. 정확히 40분 후 피자 가게 배달원이 주문한 피자를 들고 나타났지요. 개발자들은 구글 검색이나 전화 한 통 없이 비브를 통해 피자 주문에 성공했답니다.

비브는 꽃 배달에도 이용되며 바깥에서도 집 안의 가전제품을 켜거나 끌 수 있는 기능을 갖고 있어요. 인공지능이라고 하면 흔히 공상과학 영화나 애니메이션에서 본 로봇 등을 떠올리기 쉽지만 몇 년만 지나면 집 안의 모든 가구가 지능을 갖춘 제품으로 가득 채워질지도 몰라요. 미래에는 집 안의 온갖 물건들이 감정을 갖고 살아 움직이며 인간과 대화할 수도 있지요. 침대가 자장가를 불러 주고 아침에 지각하지 않도록 깨워 주기도 하고요.

유명한 장난감 업체에서 새롭게 선보인 바비 인형 '헬로 바비'는 주인을 알아보는 지능을 갖추고 있답니다. 나무 인형 피노키오가 요정의 도움으로 사람이 되는 동화 속의 이야기가 우리 눈앞에 벌어지게 된 셈이지요. 어쩌면 앞으로는 어릴 때 보았던 디즈니 애니메이션 〈토이 스토리〉에 나오는 친구들이 실제로 눈앞에 나타날 수도 있어요.

인공지능이 운전하는 자동차

미래에는 운전면허가 필요 없는 세상이 온답니다. 아니, 자동차에 운전대 자체가 없어지는 거죠. 목적지까지 가는 길을 몰라도 알아서 데려다주고, 교통 신호등도 알아서 지키고 차를 타고 가며 창밖 풍경도 편안하게 구경할 수 있으니 얼마나 좋아요.

무인 자동차가 스스로 주행하는 원리는 다음과 같아요. 먼저 차 지붕이나 앞부분에 달린 카메라와 레이더 등의 인식 장치로 각종 정보를 수집하지요. 이를테면 도로의 기울기와 높낮이, 장애물 등을 알아내는 거예요. 컴퓨터는 이를 분석해 운전대를 얼마나 꺾을지, 속도를 어느 정도 높이고 줄일지 명령해요. 정보의 양이 많을수록 정확도는 높아지지요.

무인 자동차의 장점은 주행 속도와 교통 관리 자료가 일치하기 때문에 효율적인 운행으로 연료비가 절감된다는 거예요. 그리고 어린이나 노인은 물론 장애인도 쉽게 이용할 수 있어요. 또 오랜 시간 운전하느라 피곤해서 교통사고를 낼 위험도 없지요. 따라서 도로가 막히는 일도 줄어들게 된답니다.

구글에서는 2010년 무인 자동차를 개발해 시험 운행에 처음 성공했어요. 이어 세계적으로 유명한 자동차 회사들도 무인 자동차 개발 경쟁에 뛰어들었지요. 2013년 벤츠는 무인 자동차로 100킬로미터 자율 주행에 성공했고 아우디도 2014년에 자율 주행 기술을 공개했답니다. 우리나라에서도 2014년에 운전자 없이 주행하고 주차 공간까지 알아서 찾아 주차하는 무인 자동차 기술이 발표되었어요. 앞으로는 신호등에서 보낸 전파를 무인 자동차에서 수신하여 신호등이 빨간불인지 파란불인지, 또 언제 신호가 바뀌는지 등의 정보에 대응할 수 있는 무인 자동차 기술 개발이 진행될 거라고 해요.

 2020년부터는 고속도로뿐만 아니라 도심에서도 무인 자동차가 달릴 것으로 보고 있지만 차 한 대에 드는 비용이 1억 원이나 되기 때문에 실제로 이용하기까지는 시간이 더 걸릴 거예요.

 무인 자동차가 일상생활에 사용되면 자동차를 굳이 살 필요가 없다는

이야기도 나오고 있어요. 어디론가 가야 할 때 주문을 하면 자동차가 알아서 달려오고, 원하는 목적지에 도착하면 이를 다시 반납해 다른 사람이 이용할 수 있도록 한다는 얘기지요. 자동차를 소유하는 게 아니라 교통 서비스로 이용하게 되면 주차 공간도 필요치 않고 교통비가 줄어 다른 필요한 분야에 투자할 수도 있답니다.

  무인 자동차가 교통사고를 내는 문제에 대해서도 많은 사람들의 관심이 쏠리고 있어요. 인공지능으로 움직이는 자동차라 해도 100퍼센트 안전하다고 할 수는 없거든요. 만약 무인 자동차 사고를 낼 경우 누구에게 책임을 물어야 할까에 대해서는 미리 법적 제도가 마련돼야 한다는 의견들이 많아요. 또 내비게이션이 일러 주는 대로 주행을 하지만 인터넷 접속이 가능해진다면 해킹도 가능해 해커들이 마음대로 무인 자동차를 조종할 수 있는 위험성도 있답니다.

범인 잡는 인공지능 감시 카메라

단순히 상황을 녹화하는 수준이 아니라 화면에 잡힌 사람의 성별이나 범죄를 저지르는 것인지 스스로 분석하고 판단하는 인공지능 감시 카메라가 등장했어요. 도둑고양이가 지나갈 땐 조용하지만 도둑이 담을 넘으면 경보를 울리지요. 지금까지는 그 자리에서 한쪽 방향만 비추던 감시 카메라가 이제는 서로 정보를 공유하고 스스로 움직이는 지능형 카메라가 되었답니다.

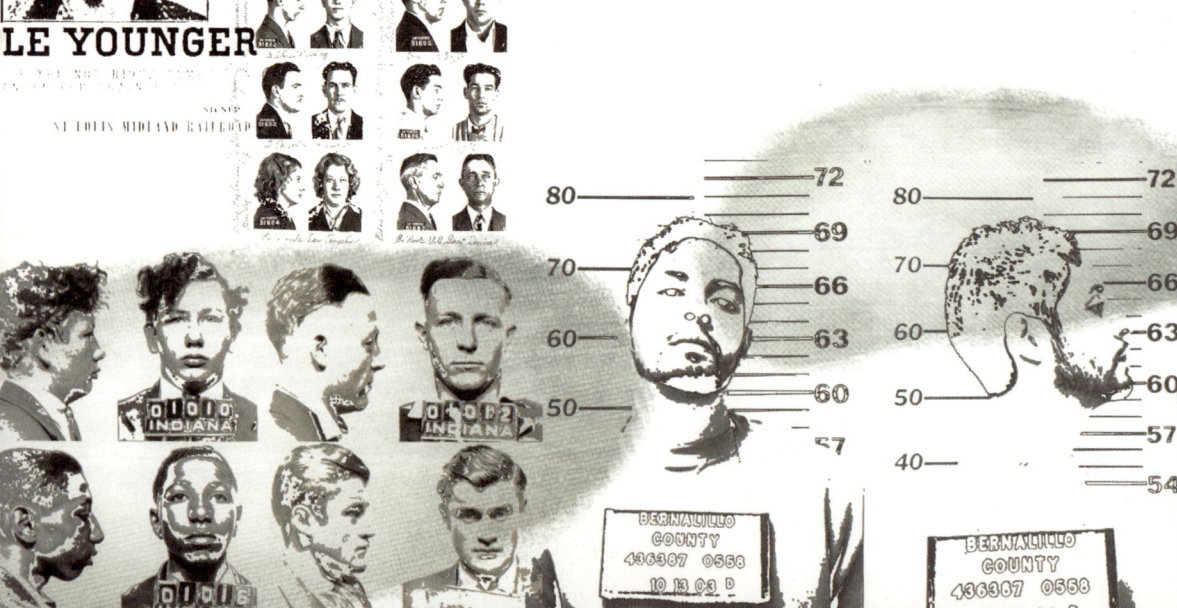

최근에 개발된 인공지능형 감시 카메라는 사람이 지나가면 남자인지 여자인지 표시를 하고 대략의 키를 알려 주며 손에 들고 있는 것이 무엇인지까지 알아내지요. 두뇌 역할을 하는 컴퓨터가 수천 장의 남성과 여성 사진뿐 아니라 범죄 상황, 다양한 물체의 특성 등을 학습해 카메라에 잡힌 상황을 스스로 분석할 수 있게 된 것이랍니다.

한밤중에 주택가에서 연기가 날 경우 인공지능 감시 카메라는 그 장면을 녹화하는 것에 그치지 않아요. 화재가 난 상황이 감지되면 119에 알려 소방대원이 출동하도록 하지요.

우리나라의 한 기업에서 개발한 감시 카메라는 지능적으로 영상이나 음성을 분석한다고 해요. 충청북도 진천의 농촌 지역에서 한 할아버지가 전동 휠체어를 타고 가다가 길 옆 논두렁으로 구르는 사고가 일어났어요. 지나가는 사람이 아무도 없어 할아버지는 곤경에 빠졌는데, 어떻게 된 일

인지 구조요원들이 즉시 달려와 할아버지를 구출했답니다.

음성을 인식하는 지능형 감시 카메라가 설치된 덕분이었지요. 할아버지가 논두렁으로 굴러떨어지면서 지른 비명을 듣고 감시 카메라가 위험 상황임을 알아차리고 가까운 파출소에 알려 구조를 하게 된 것이지요. 이 감시 카메라는 이후 학교 폭력이나 범인을 잡는 데 큰 효과를 발휘해 전국적으로 설치되고 있다고 해요.

위험 물질을 다루는 공장에서도 이러한 인공지능 감시 카메라가 중요한 역할을 해내지요. 사람들이 뛰는 것을 보면서 그냥 뛰어가는 것인지 사고가 나서 뛰어가는지 상황을 구분하여 위급할 경우 경보를 울린답니다. 마스크나 방독면을 썼는지, 얼굴 표정이나 동작을 보고 상황의 심각성을 알아차리는데, 컴퓨터가 여러 가지 상황의 영상들을 보고 학습하면

세계 최초의 인공지능 변호사

미국의 한 종합법률회사는 인공지능 로봇을 변호사로 채용했다. 아이비엠의 슈퍼컴퓨터 '왓슨'의 인공지능을 이용하여 만든 로봇으로, 이름은 '로스'이다. 무려 900명이 넘는 변호사가 일하는 어마어마하게 큰 회사에 입사한 로스는 세계 최초의 로봇 변호사로 알려졌다.

로스는 1초에 무려 10억 장의 문서를 검토해 법률 자문을 할 수 있다. 수천 건의 관련 판례를 뒤져 사건에 도움이 될 만한 내용을 골라내고 연관된 판례 구절을 찾아내야 하는 일을 로봇 변호사가 해 준다면 정말 능률적일 것이다. 하지만 아직은 인간 변호사를 돕는 도구에서 크게 벗어나지 않는다. 워싱턴 대학의 라이언 칼로 교수는 "왓슨은 법률이나 의약 및 각종 분야에서 전문가의 판단을 도와주는 도구"라고 말했다. 예를 들면 보고서를 타자기로 치는 것과 다를 바 없다며, 결국 이런 시스템을 사용하지 않는 것은 구식이 될 거라고 보았다.

서 위험한 상황인지 아닌지를 가려내게 된 것이지요.

뿐만 아니라 한층 똑똑해진 인공지능 덕분에 군사 지역에서 지뢰를 설치하는 것까지도 잡아내 국가 보안에도 큰 역할을 해내고 있어요. 물론 감시 카메라가 개인의 사생활을 감시하여 인권을 침해한다는 얘기가 제기되고 있지만 이것은 기존의 감시 카메라가 있을 때도 이미 지적된 문제랍니다.

인공지능이 진단하고 로봇이 수술한다

미국에서는 인공지능 로봇이 암 환자를 진료해요. 바로 아이비엠의 인공지능 슈퍼컴퓨터 왓슨이 2011년부터 뉴욕의 한 암 센터에서 폐암 환자를 진단하는 데 사용되고 있지요. 또 왓슨은 세계 유명 의료기관과 손잡고 질병을 진단하는 것 외에 치료와 임상 시험 등 다양한 의료 분야의 연구에 활발하게 참여한답니다. 현재 왓슨은 미 의과대학에 입학해서 의사 자격증을 얻는 시험을 치르기 위해 공부를 하고 있대요.

이처럼 인공지능 왓슨이 의료계에서 널리 활약하는 이유는 60만 건의 의학 사례와 200만 페이지의 의학 저널이 내부에 저장돼 있기 때문이에요. 빅데이터를 활용하여 정확한 진단을 하므로 환자를 치료하는 능력도 아주 뛰어나지요. 아무리 유능한 의사라고 해도 한 개인이 왓슨이 보유하고 있는 분량의 지식을 머리에 담을 수는 없거든요.

우리나라에서도 2005년부터 수술하는 로봇이 등장해 복강경수술 등을 맡고 있어요. 로봇이 하는 수술 방식은 의사가 직접 환자의 수술 부위를 칼로 개복해 수술하는 것과는 달라요. 몇 개의 구멍을 뚫어 로봇이 직접 수술 도구를 집어넣고 수술한답니다. 인공지능 로봇은 정상 부위와 병이 있는 부위를 구분할 뿐만 아니라 혈관과 신경처럼 정교한 부위를 꿰맬 수 있는 능력을 갖추었어요. 확대경으로 수술 부위를 자세히 들여다볼 수도 있는데, 스마트폰 화면을 확대하거나 축소하는 것과 비슷하지요. 사람 손으로 하기 힘든 정밀한 방법으로 수술을 하기 때문에 합병증을 최소화하고, 수술 과정에서 발생하는 실수도 줄일 수 있어 앞으로는 로봇 수술 방식이 더욱 늘어날 것으로 보고 있어요. 우리나라에서 현재 로봇 수술 방

인공지능, 시각 장애인의 눈이 되다

세계보건기구에 따르면 전 세계에 앞을 완전히 못 보는 시각 장애인이 3900만 명이며, 전혀 앞이 안 보이는 건 아니지만 심한 시각 장애를 지닌 이들이 2억 4600만 명에 이른다고 한다. 앞을 볼 수 없는 시각 장애인은 많은 사람들이 즐기는 온라인 서비스 등을 완전하게 즐길 수가 없다. 시각 장애인들을 위해 나온 화면의 내용이나 입력한 정보를 음성으로 읽어 주는 프로그램인 스크린 리더를 사용하기도 하지만 사진만 올라와 있고 별도의 설명이 없는 경우라면 어떤 내용인지 알 수 없기 때문이다.

세계 최대 소셜 미디어 페이스북에서는 시각 장애인들을 위해 인공지능 기술로 사진 내용을 읽어 주는 기능을 도입했다. 이 기능은 '자동 대체 텍스트'로 불리는데, 지금까지 시각 장애인들은 페이스북 내용을 파악할 때 별도의 사진 설명이 없으면 "OOO의 사진"이라는 음성 안내만 나와 사진을 올린 사람의 이름과 콘텐츠가 사진이라는 사실만 알 수 있었다.

그런데 이 기능이 도입되면서 "자전거를 타는 세 사람", "노란색 꽃을 보는 아이", "바닷가 풍경, 노을, 개" 등 음성으로 사진 내용을 듣고 정보를 알 수 있게 되었다. 이 기능을 개발한 미국의 맷 킹은 대학 다닐 때 시력을 잃었다고 한다. 현재 페이스북에서는 '자동 대체 텍스트' 기능을 통해 보다 정확한 정보를 제공하기 위해 애를 쓰고 있는데, 정확성이 낮은 정보를 제공할 경우 시각 장애인들이 오히려 어려움을 겪을 수도 있기 때문이다.

식을 채택하고 있는 병원은 44군데나 된다고 해요.

  그 밖에도 환자의 운동량이나 수면 패턴 등의 정보를 매일 분석해 건강한 생활 습관을 유지하는 데 도움을 주는 주치의 역할도 하죠. 사람은 하루에 일정한 시간을 일하면 지쳐서 쉬어야 하지만 기계는 하루 24시간 내내 진료를 할 수 있다는 것도 하나의 장점이랍니다. 단 실제 의사처럼 환자와 소통하여 환자의 불안정한 심리 상태를 달래 주기에는 무리가 있겠지요.

스포츠에 도전하는 로봇

인공지능 로봇이 체스나 바둑뿐만 아니라 축구 골키퍼로, 골프 선수로 나섰다. 로봇 골키퍼는 축구 천재 리오넬 메시의 시속 130킬로미터가 넘는 세 번의 슈팅을 두 차례나 막아 내기도 했다. 골프 황제 타이거 우즈의 본명을 따서 지은 인공지능 로봇 '엘드릭'은 골프 대회에 나가 한 번에 그대로 공을 홀에 넣는 홀인원을 기록했다. 보통 프로 골퍼들이 홀인원을 할 확률은 3000분의 1이라고 한다. 그런데 엘드릭은 놀랍게도 단 다섯 번 만에 성공했다. 엘드릭은 완벽한 골프 스윙을 복제할 수 있는 능력을 갖추고 있다고 한다.

로봇 전쟁과 킬러 로봇

전쟁의 3대 요소는 군인, 무기, 전쟁터예요. 인공지능을 이용한 로봇 전쟁 시대에는 이 세 가지 요소가 모두 사라진다고 해요. 이미 현실로 나타난 사이버 전쟁에서는 미래 전쟁의 모습을 엿볼 수 있지요. 군인과 무기, 전쟁터가 아닌 컴퓨터 전문가와 컴퓨터, 인터넷이 표적이 된 도시의 기반시설을 간단히 파괴할 수 있답니다. 사이버 해킹으로 뉴욕 증권시장이 마비되거나 런던의 전력 시스템이 단숨에 파괴되는 것도 영화에서가 아니라 실제로 얼마든지 가능한 얘기지요. 이제 세계는 사이버 전쟁의 형태를 넘어 인공지능이 장착된 군사용 로봇 개발에 열을 올리고 있어요.

군사용 로봇은 현재 위험한 폭발물을 찾아내거나 해체하는 일에 주로 사용되고 있어요. 미국은 이미 수십 년 전부터 무인 무기 개발에 뛰어들었으며, 드론으로 특정 목표 지역을 감시하고 정찰하는 활동을 해 왔어요. 이제 로봇은 전자통신망을 교란하거나 미사일의 목표물을 유도하는 등의 임무를 맡고 있답니다.

미국의 한 외교 전문지는 미국 등 세계 주요 국가들이 앞으로 10~20년 안에 실제 전쟁에서 사람의 통제가 필요 없는 킬러 로봇과 드론 같은 무인 무기가 배치될 거라고 보도했어요. 또한 미국의 한 연구보고서에 따르면, 킬러 로봇 개발 경쟁을 벌이고 있는 나라는 미국, 영국, 러시아, 중국을 비롯하여 모두 40개국이 넘는다고 해요. 이들 국가들은 인공지능을 이용해 로봇이 알아서 전투를 수행하는 차세대 전투용 로봇을 개발하고 있답니다.

미래에 일어날 수 있는 로봇 전쟁에 대해서는 여러 가지 의견이 다양해요. 로봇이 무기로 활용되고 있는 것은 어제 오늘의 일이 아니지요. 현재 전쟁에 투입되고 있는 무인 항공기 역시 로봇의 일종이랍니다. 개처럼 네 발이 달린 전투 로봇이나 파리를 본떠 만든 날개를 펄럭이며 비행하는 로봇도 있지요.

어쩌면 로봇 전쟁 시대에는 1880년대에 만들어진 전쟁에 관한 제네바 협약은 더 이상 쓸모가 없을 거라는 얘기도 있어요. 전문가들은 로봇이 전투에 투입되면 전쟁으로 인한 인명 피해가 크게 줄어들 것으로 보고 있지요. 또 더욱 정밀해진 첨단 군사 무기가 특정 목표물만 정확하게 겨냥하기 때문에 전쟁으로 인한 민간인 희생자도 적을 거라는 의견을 내놓고 있답니다.

그러나 세계 주요 국가들이 이와 같은 킬러 로봇 개발 경쟁을 중단하지 않으면 지구는 통제가 불가능한 무한 전쟁 시대에 휘말릴 수도 있다는 우려가 커지고 있어요. 세계 각국의 지도자들이 적국이나 분쟁 대상국 등을 상대로 외교 작전을 펼치는 대신 로봇 등 무인 무기를 동원한 군사적 해결 방식에 의존할 가능성을 무시할 수 없다는 것이지요.

또한 인간의 개입 없이 자율적으로 움직일 수 있는 인공지능 로봇이 스스로 목표를 설정해 공격이 가능하다는 점도 주목할 만한 문제가 돼요. 최근 인공지능 기술이 사람 통제를 벗어나 스스로 움직일 수 있는 단계에 이르렀기 때문이에요.

인공지능 로봇 무기 개발에 대해 반대하는 과학자들도 많아요. 2015년 7월 아르헨티나 부에노스아이레스에서 열린 인공지능 국제회의에서는 2500명이 넘는 과학자들이 인공지능 기술 자율 로봇을 무기화하는 것을 자제해 줄 것을 촉구하는 서명을 하기도 했지요

이와 같은 **무인 무기가 대량으로 개발될 경우 지구촌에는 심각한 참상**이 벌어질 것이라며, 인공지능 로봇을 전투용으로 활용하는 문제를 법적으로 통제해 줄 것을 요구했답니다. 과학자들은 로봇 무기가 화약과 핵무기 개

발에 이어 인류에게 세 번째 큰 재앙이 될 거라고 주장하지요. 강대국을 중심으로 무인 무기 개발 경쟁이 더욱 치열해짐으로써 인간의 상상을 초월한 끔찍한 무기가 개발될 수 있어요.

　로봇 무기는 흔히 세 가지 단계로 구분해요. 먼저 인간이 원격 조종하는 무인 탱크나 함정, 그리고 미사일 방어망처럼 자동화 시스템을 갖췄지만 인간이 직접 감독하고 관리하는 것, 마지막으로 일단 실전에 배치되면 인간의 개입이 전혀 없는 상태에서 자동으로 임무 수행을 하는 것이지요.

　미국은 우주에서 전쟁을 하는 스타워즈와 군사용 인공위성에 무기를 탑재해 적을 공격하는 우주 무기 및 위성 탑재 무기를 개발하고 있어요. 영국과 중국, 이스라엘도 무인 무기 개발에 열을 올리고 있고요. 심지어 군사적 위협이 없는 네덜란드 같은 나라까지 무인 무기 개발 경쟁에 뛰어들고 있는 실정이지요.

러시아는 2020년까지 다섯 대의 미사일 기지를 지키는 로봇을 개발할 것이라고 발표했어요. 러시아에서 개발하고 있는 로봇은 기관총과 소총, 감시 카메라, 센서, 레이저 유도 측량장치 등으로 무장하고 한 시간에 48킬로미터를 순찰할 수 있도록 설계돼 있답니다. 인공지능이 장착된 이 정찰 로봇은 인간의 개입 없이 100퍼센트 자동으로 작전을 수행한다고 해요. 우리나라도 비무장지대 인근 지역에서 무기를 지닌 '정찰 로봇'이 배치돼 정찰 임무를 맡고 있답니다.

뿐만 아니라 생명공학 기술을 이용해 특정 유전자를 가진 사람들만 감염돼 사망하도록 유도하는 생물학 무기도 개발되고 있어요. 또 일정 시간 동안 눈이 보이지 않게 하거나 의식을 잃게 만드는 비살상 생물학 무기가 나올 것이라는 예측도 있지요.

중국도 로봇을 이용하여 군사력 늘리기에 온힘을 쏟고 있어요. 중국 국방과학기술대학이 주축이 되어 뇌파를 통해 조종하는 로봇을 개발하고 있는데, 뇌파를 통한 원격 장비 조종 기술을 이용해 전쟁이 일어났을 때 병사들의 인명 피해를 줄일 목적이라고 해요.

인공지능, 예술의 영역을 넘보다

일본에서는 인공지능 프로그램이 쓴 소설이 문학상 심사에서 예심을 통과하고, 러시아에서는 컴퓨터가 쓴 장편소설이 책으로 출간되어 베스트셀러가 되었답니다. 그동안 인간만이 가능하다고 생각했던 문학과 예술의 영역에까지 인공지능이 발을 들여놓게 되다니, 정말 놀라운 일이지요. 예술이라는 단어를 사전에서 찾아보면 '아름다움을 표현하고 창조하는 일에 목적을 두고 작품을 만드는 인간의 모든 활동'이라고 나와 있어요. 이와 같이 인간의 고유 영역에까지 인공지능이 활약하는 세상이 되었답니다.

만약 이 책을 인공지능이 쓴다면 어땠을까요? 인공지능이 인공지능에 관한 책을 쓴다고 상상해 봐요. 어쩌면 관련된 수많은 데이터를 분석해 사람보다 훨씬 정확하고 체계 있게 쓰지 않았을까요? 하지만 어린이들이 이해할 수 있는 범위에서 어휘를 고르고 쉽게 설명하는 부분은 과연 잘할 수 있을까라는 의문이 들긴 한답니다.

어쩌면 대중예술 분야는 인공지능이 더 잘할 수 있을지도 몰라요. 인공지능이라면 그동안에 발표된 많은 예술 작품에 관한 데이터를 수집하고 분석해 대중이 뭘 좋아하고 뭘 원하는지 읽어 낼 능력이 있을 테니까요. 거기에 맞게 소설, 가요, 그림 등을 만들어 낸다면 사람이 하는 것과 인공지능이 만든 작품을 구별하기 어려울 거예요. 실제로 소설뿐만 아니라 그림을 그리고 작곡을 하는 인공지능이 등장해 예술계에도 큰 충격을 주고 있어요.

미국 샌디에이고 캘리포니아 대학의 헤럴드 코엔 교수가 개발한 인공지능 로봇 '아론'은 스스로 색채와 모양을 골라 캔버스에 그림을 그려요. 저장된 정보를 바탕으로 직접 그린 아론의 그림은 독창적이고 강렬한 느

낌을 주어 주목을 받고 있어요. 지금까지 로봇이 그린 그림들은 사진을 보고 복원하는 수준이었지요. 아론의 독창성은 사물과 신체 구조에 대한 정보를 알고 있기 때문이라고도 해요.

구글은 그림을 그리는 인공지능 '딥 드림'을 내놓았어요. 딥 드림은 주어진 이미지를 보고, 이를 재해석해 추상화를 그린답니다. 그렇게 그린 추상화 29점이 우리 돈으로 1억 1500만원에 팔렸다고 해요. 또 예일대에서 개발한 인공지능 '쿨리타'는 피아노곡을 작곡했는데, 거장이 작곡한 음악과 구분이 안 될 정도로 정교하고 완성도가 높다는 평가를 받고 있

어요.

 일부 전문가들에 따르면 사람들은 인공지능이 그린 그림이나 음악 등에 호기심을 갖고 좋아할 수는 있지만 그런 작품들은 그저 흉내를 낸 것일 뿐 예술적 가치를 지닌다고 보긴 어렵다고 얘기해요. 하지만 지금은 시작 단계이니 앞으로 어떻게 발전할지는 아무도 모르는 일이지 않을까요?

710만 개의 일자리가 사라진다

인공지능 기술은 우리 인간이 해 온 여러 가지 일을 대신하면서 경우에 따라 사람보다 더 뛰어난 능력을 발휘하고 있어요. 주식 투자도 정확한 분석을 통해 알아서 해 주고, 금융 자산 관리도 사람이 하는 것보다 인공지능의 능력을 더 믿는 세상이 되었답니다. 날씨는 물론 미래 기후변화를 예측하며 다양한 영역에서 인공지능 기술이 활용되고 있지요.

2016년에 열린 세계 경제 포럼의 보고서에 의하면 앞으로 5년 안에 일자리 710만 개가 사라진다고 해요. 일반 사무직이나 관리직에 근무하는 사람들이 일자리를 잃게 되는데, 특히 여자들이 큰 타격을 받는답니다. 일자리가 줄어들수록 성별 격차도 심해져 여성의 일자리가 위협받을 가능성이 높은 데다, 새로 창출될 일자리는 과학이나 컴퓨터 공학 등 지금도 주로 남성이 다수를 차지하는 분야이기 때문이에요. 또한 컴퓨터와 로봇의 능력이 인간보다 훨씬 효율적이기 때문에 사람이 많이 필요하지 않게 되는 것도 사실이지요.

공장에서 기계가 육체노동자를 대신하듯 앞으로는 컴퓨터가

지식노동자가 하던 일을 대신하게 된답니다. 예를 들어 법률 공부를 한 인공지능 로봇이 사건과 관련된 판례를 조사하고 변론을 준비하는 식이지요. 물론 법정에서의 변호는 사람이 하겠지만요.

반면 전문 기술이나 서비스, 미디어 분야에서는 새로운 일자리가 200만 개 늘어날 거라고 해요. 앞으로는 먹고 사는 데 필요한 일을 컴퓨터나 로봇이 해 주기 때문에 사람들은 시간이 많이 남아돌게 돼요. 이런 여가 시간을 위한 일자리들이 생길 거라는 얘기도 있어요.

아주 먼 옛날에는 대부분이 사람들이 농사를 짓거나 고기를 잡는 일을 하며 살았지요. 말하자면 직업의 종류가 얼마 되지 않았어요. 그러다 산업혁명과 함께 공장이 세워지면서 제조업이라는 일자리가 생겼지요. 21세기에 와서 서비스업에 종사하는 사람들이 많아지게 되었답니다. 어쨌든 인공지능 로봇이 대체할 수 없는 창의적이고 논리적인 사고가 필요한 직업들은 계속 주목을 받게 되겠지요.

세계 경제 포럼에서는 이런 현상을 '4차 산업혁명'이라 부르며 사회와 산업 전반에 큰 영향을 미칠 것으로 내다보았지요. 이와 관련하여 한 여론조사 기관에서는 산업, 경제, 공학 분야 전문가 1800명을 대상으로 로봇 기술이 발전된 미래 사회에서는 일자리에 어떤 변화를 맞게 될 것인가에 대해 조사를 했어요. 그중에서 52퍼센트가 로봇 기술의 발전이 더 많은 일자리를 만들어 낼 거라는 긍정적인 반응을 보인 것으로 나타났어요. 인류는 그동안 세 차례의 산업혁명을 겪어 오면서 과학 기술의 발전으로 일자리와 할 일이 줄어드는 게 아니라 새로운 변화로 인해 또 다른 기회가 주어진다는 것을 알고 있기 때문이지요.

4차 산업혁명과 인류의 미래

　세계 경제 포럼은 세계 유명 기업인, 경제학자, 저널리스트, 정치인 등이 모여 세계 경제에 대해 토론하고 연구하는 회의예요. 1971년에 유럽의 경영인들이 서로 우의를 다지기 위해 만든 데서 출발해 전 세계로 확장되었지요. 해마다 스위스 다보스에서 회의를 열고 있는데, 여러 가지 정보를 교환하고 세계 경제 발전 방안에 대해 논의를 한답니다.
　2016년 세계 경제 포럼에서는 4차 산업혁명이 주제가 되었지요.
　1차 산업혁명은 18세기 중반에 증기기관의 발명과 함께 시작되었어요. 이어 전기와 자동차가 개발되면서 인류는 2차 산업혁명을 맞게 되지요. 3차 산업혁명은 컴퓨터와 인터넷이 이끌었어요. 지금 세계는 3차 산업혁명에 이어 4차 산업혁명 시대로 접어들었답니다. 슈퍼컴퓨터, 인공지능, 유전 공학, 신경 기술, 뇌 과학 등 다양한 학문과 전문 영역이 서로 영향을 주고받으며 파괴적 혁신을 일으키는 4차 산업혁명으로 세계는 초연결 사회가 될 거라고 해요. 모든 분야가 하나로 연결되며 보다 지능적인 사회로 변화함으로써 산업 생산력과 효율성이 더욱 높아지게 되는 것이지요. 이와 같은 빠른 변화의 속도를 따르려면 우리는 산업 분야뿐만 아니라 삶의 영역에서도 충분한 대비를 해야 한답니다.

　마이크로소프트 창업자인 빌 게이츠는 기술 혁신 덕분에 시간이 남아돌면 사람들이 더 많은 선택권을 갖게 되어 삶의 질이 향상될 거라고 말했어요. 4차 산업혁명을 이끌 대표적 기술 분야는 인공지능 기술, 로봇 공학 기술, 그리고 세탁기와 냉장고 등 모든 사물이 인터넷에 연결되는 사물 인터넷, 무인 자동차, 생명 공학 등이에요. 그중에서 4차 산업혁명의 중심은 단연 인공지능 기술이지요.

　4차 산업혁명이 일어나면 사물과 사물 간의 정보가 실시간으로 전달되고 공유됨으로써 기존에는 불가능했던 생산방식이 가능하게 될 거라고 해요. 이로 인해 경제, 사회구조가 변화하고 인간의 의식과 생활양식까지 바뀌게 될 거예요. 세계 주요 산업국과 기업들은 4차 산업혁명에 대응하기 위해 새로운 전략 구상에 열을 올리고 있답니다. 한마디로 4차 산업혁명이 인류의 미래를 이끌어 갈 길잡이가 될 것으로 보고 있어요.

　인공지능이 중심이 되는 4차 산업혁명 시대에 인간과 기계 사이의 새로운 균형 유지에 대한 목소리가 높아지는 한편, 온 세계가 사라지는 일자리와 새로 생겨나는 일자리에 대한 관심이 뜨겁답니다.

인간의 상상력이 만드는 미래

 영웅 나폴레옹은 "인류의 미래는 인간의 상상력과 비전에 달려 있다."라는 유명한 말을 남겼어요. 오늘날 우리 생활을 편리하고 풍요롭게 만들어 준 기술의 발전도 바로 이 상상력의 산물이지요. 영국의 유명한 미래학자인 제임스 마틴도 인류의 미래는 기술 발전에 달려 있다고 주장합니다.

어쩌면 현재 인류가 처해 있는 여러 가지 위기 상황은 기술 발전에서 비롯된 것일 수도 있어요. 먼 미래의 이야기가 아닌 지금 당장만 해도 우리는 많은 문제를 안고 있지요. 기술 발전이 가져온 여러 가지 폐해를 곳곳에서 만날 수 있답니다. 환경 파괴로 인해 지구의 자연 정화 시스템은 거의 마비된 상태고, 매년 수십억 톤의 토양이 유실되고 대신 엄청난 규모의 사막이 생겨나고 있지요. 인류가 해마다 소비하는 물의 양은 1600억 톤에 이르는데, 그 물을 실은 트럭을 나란히 세워 놓으면 지구를 서른일곱 바퀴나 돌 정도라고 해요. 지금 청소년들이 성인이 될 무렵이면 전 세계가 물이 부족해 고통을 받을 거예요.

이처럼 과학 기술의 발전으로 인류가 위기를 맞고 있는 상황에서 인공

지능 기술의 발전이 인류의 미래에 미치게 될 영향을 생각해 보지 않을 수 없어요. 인류의 미래를 예측한 공상과학 영화들 가운데는 인공지능과 관련된 내

용이 많습니다. 그중에서도 인간과 기계의 대립을 다룬 몇몇 작품들은 많은 사람들에게 깊은 인상을 남겼지요. 어디까지나 공상과학 영화이고 인간의 상상력이 만들어 낸 것이지만 최근 인공지능 기술의 비약적인 발전을 보며 실제로 그와 같은 일어날 수도 있다는 생각을 갖지 않을 수가 없답니다.

인류의 미래를 다룬 영화들은 대체로 인간의 욕망 때문에 인류가 위기에 처하게 될 거라는 경고를 담고 있지요. 그동안 과학자들은 인공지능 기술을 발전시키기 위해 온갖 노력을 기울여 왔어요. 인간처럼 생각하게 하고 학습시켜 인간을 흉내 내게 만들었으며, 인간과 겨루어 인간을 뛰어넘는 능력을 갖기를 기대했지요. 그러다 알파고가 인간 바둑 천재 이세돌을 이기는 것을 보고 큰 충격을 받습니다. 인간을 위해 만든 도구가 인간을 뛰어넘는 것을 보고 이러다 인공지능이 인류를 지배하지 않을까, 파멸로 몰고 가지 않을까 하는 걱정을 하는 거지요.

지금이야말로 어쩌면 인간과 기계의 관계를 새롭게 바라보고 정립해야 할 시기인지도 몰라요. 기계가 인간답기를 원해 온 인류의 욕망에 대해 깊이 생각해 보고, 보다 인간적인 양심과 지혜에 대한 각성이 필요하겠지요. 이 장에서는 공상과학 영화에 등장하는 인공지능이 맡은 역할에 대해 살펴보고 인공지능과 인간의 관계에 대해 좀 더 구체적으로 알아보기로 해요.

인간보다 더 인간적인 인공지능

공상과학 영화에서 다루는 인공지능은 인간과 더불어 살거나, 인간을 뛰어넘어 인간을 지배하거나 인간과 결합하는 모습을 담고 있어요. 먼저 인간의 감정까지도 학습하며 인간보다 더 인간적인 모습을 보여 준 인공지능 이야기를 해볼게요.

영화 〈에이아이(A.I)〉는 영화계의 거장 스티븐 스필버그 감독이 2001년에 내놓은 영화예요. 이 영화는 지금부터 수천 년이 흐른 뒤 지구에는 자원이 모두 바닥나고, 극지방의 빙하가 녹아 도시들이 물에 잠긴 세상을 배경으로 하고 있어요. 따라서 자원을 거의 소모하지 않은 로봇이 인류의 생존에 꼭 필요한 존재가 된답니다. 주인공 데이비드는 사람의 감정을 지닌 최초의 인공지능 로봇으로 인간을 사랑하도록 프로그래밍되어 있어요. 한 부부가 난치병에 걸린 아들을 대신해 인공지능 로봇 데이비드를 입양해요. 데이비드는 자신을 입양한 인간 엄마를 엄마로 알고 인간 사회에 적응해 나가지요. 그런데 진짜 아들이 퇴원해 집으로 돌아오자 숲속에 버려지게 된답니다.

데이비드는 자신이 인간이 아니기 때문에 사랑받지 못하고 버려졌다고 생각하고 엄마가 들려주던 피노키오 동화를 떠올리며 소원을 빌어요.
"푸른 요정님, 제발 저를 인간으로 만들어 주세요."

데이비드가 푸른 요정에게 소원을 비는 장면은 너무나 간절하지요. 사랑을 믿는 로봇은 사랑의 감정을 잃어버린 우리들에게 인간보다 더 인간적인 모습으로 다가온답니다. 데이비드는 마법의 힘으로 진짜 인간이 되면 잃어버린 사랑을 되찾을 수 있다고 믿으며 인간이 되기 위한 여행을 떠납니다. 그리고 엄마가 죽은 뒤에도 천 년을 넘게 살면서 엄마를 그리워하지요. 영화에서는 인공지능 로봇 데이비드를 통해 진실한 사랑이 무엇인지 가르쳐 주고 있어요.

영화 〈바이센테니얼 맨〉에서는 인공지능 로봇의 자의식에 대해 이야기해요. 가사도우미 로봇 앤드루는 자유 의지를 가졌을 뿐 아니라 사랑의 감정까지 느끼지요. 영화의 마지막 장면에서 앤드루는 사랑하는 여자와 함께 늙기 위해 인간이 되기로 결심해요. 그를 인간으로 인정할 것인가를 결정하는 법정에서 앤드루는 판사 앞에서 이렇게 진술하지요.

"로봇으로 영원히 사는 것을 포기하고 인간으로서의 죽음을 택한 이유는 인정받기 위해서입니다. 제가 누구인가에 대해 찬사나 평가가 아니라 있는 그대로 단순한 진실을 인정받는 것이 제 목표입니다. 그걸 이루기 위해 저는 고귀하게 죽는 길을 택했습니다."

로봇이 고귀한 죽음을 위해 영생을 포기하는 모습은 도리어 인간이 지닌 감정에 대해 많은 생각을 하게 만들지요. 어쩌면 우리는 진짜 감정을 잃어버리고 살고 있는 건 아닐까요? 어쩌면 미래에 인간은 기계처럼 살고 오히려 인공지능이 인간처럼 사는 것은 아닐까요? 이 영화는 미래에 다가올 인간과 로봇과의 경계, 그리고 인공지능으로 인한 인간 정체성의 흔들림에 대해 중요한 질문을 던지고 있답니다.

또 영화 〈그녀〉에서는 인간이 인공지능 운영체제와 사랑의 감정을 나누지요. 〈에이아이(A.I)〉가 인간을 사랑하는 인공지능 로봇 이야기라면 영화 〈그녀〉는 인공지능 프로그램에게 사랑의 '감정'을 느끼게 된 한 사람의 이야기지요. 인공지능 운영체제 서맨사는 수십만 명의 사람과 사귈 수 있어요. 영화에서 주인공은 목소리뿐인 서맨사에게 가슴을 적시는 진실한 사랑을 고백해요. 단절되고 소외된 사회에서 자신의 말에 귀 기울이고 이해해 주는 인공지능과 감정적인 교류를 원하는 현대인의 고독한 내면이 드러나지요. 이와 같이 우리 생활 속에 이미 깊이 들어와 있는 인공지능 서비스처럼 인공지능 기술은 인간의 감정을 충족시키기 위한 방향으로 끊임없이 진화하는 모습을 보여 주고 있어요.

그 밖에 〈아이, 로봇〉은 인공지능의 유용성과 위험성을 동시에 보여 주고 있어요. 인간을 돕는 인공지능 로봇이 보편화된 세상에서 인공지능 로봇 써니는 자신의 존재에 대해 질문을 던지며 심지어 꿈까지 꾸기도 해요. 감정을 갖는 인공지능이 자신의 정체성을 깨닫고 자신과 같은 기계에 대한 비인간적인 정책에 저항하는 모습을 그린 작품들은 **인간과 기계와 함께 살아가는 미래**를 다시 한 번 생각해 보게 한답니다.

인간과 대립하는 인공지능

최근 들어 신문이나 방송에서는 스스로 생각하는 강한 인공지능이 등장하면 기계가 인간을 지배하는 디스토피아가 열리는 게 아니냐는 걱정들을 많이 하지요. 인공지능이 인간의 역할을 축소시키고 결국 인간을 지배하게 되는, 인류의 미래를 비관적으로 보는 것이지요. 디스토피아는 이상으로 그리는 가장 완벽하고 평화로운 사회를 가리키는 유토피아의 반대말이에요. 다시 말해 디스토피아는 현대 사회의 부정적인 부분이 극단적으로 확대되면서 맞게 될지도 모르는 미래의 모습을 말한답니다.

공상과학 영화를 보면, **인간의 감정을 갖고 스스로 생각할 수 있는 인공지능은 인간이 될 권리를 얻기 위해, 나아가 인간을 지배하기 위해 인간과 대결**하기도 해요. 1970년대 이후 컴퓨터가 발달하면서 언젠가는 인간이 똑똑한 컴퓨터에게 지배당할지도 모른다는 두려움이 이런 영화들이 나오게 된 배경이지요.

앞장에서도 이미 여러 차례 예로 들었지만, 인공지능 시스템인 스카이넷이 인류에게 핵 공격을 명령하는 〈터미네이터〉와 컴퓨터 프로그램이 인간을 우주 밖으로 몰아내는 〈2001 스페이스 오디세이〉, 그리고 가상현실을 주입시키는 〈매트릭스〉 등의 많은 영화들이 인간을 돕기 위해 개발된 인공지능이 점점 인간의 통제를 벗어나 인간을 마음대로 지배하는 이야기를 다루고 있어요.

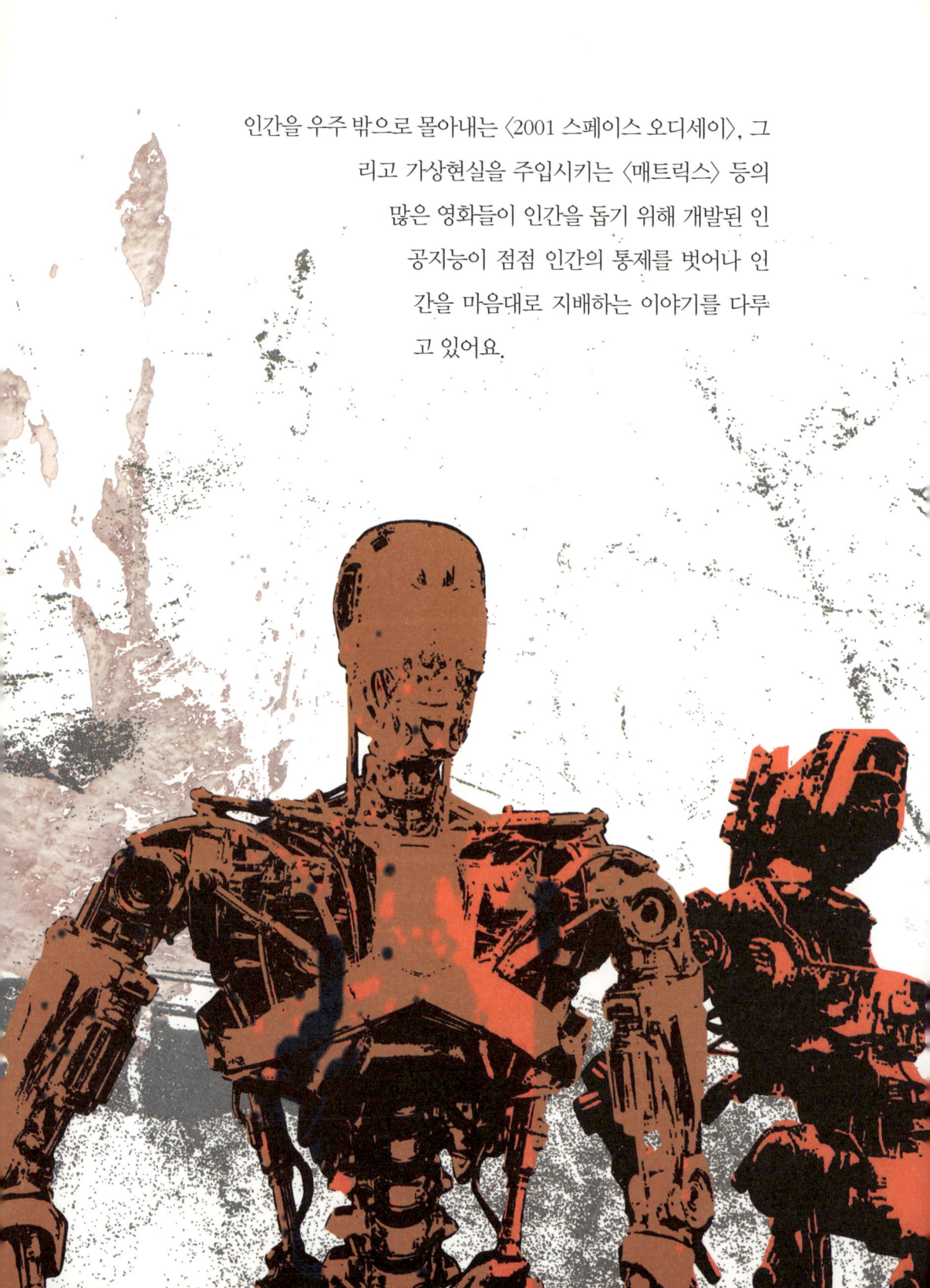

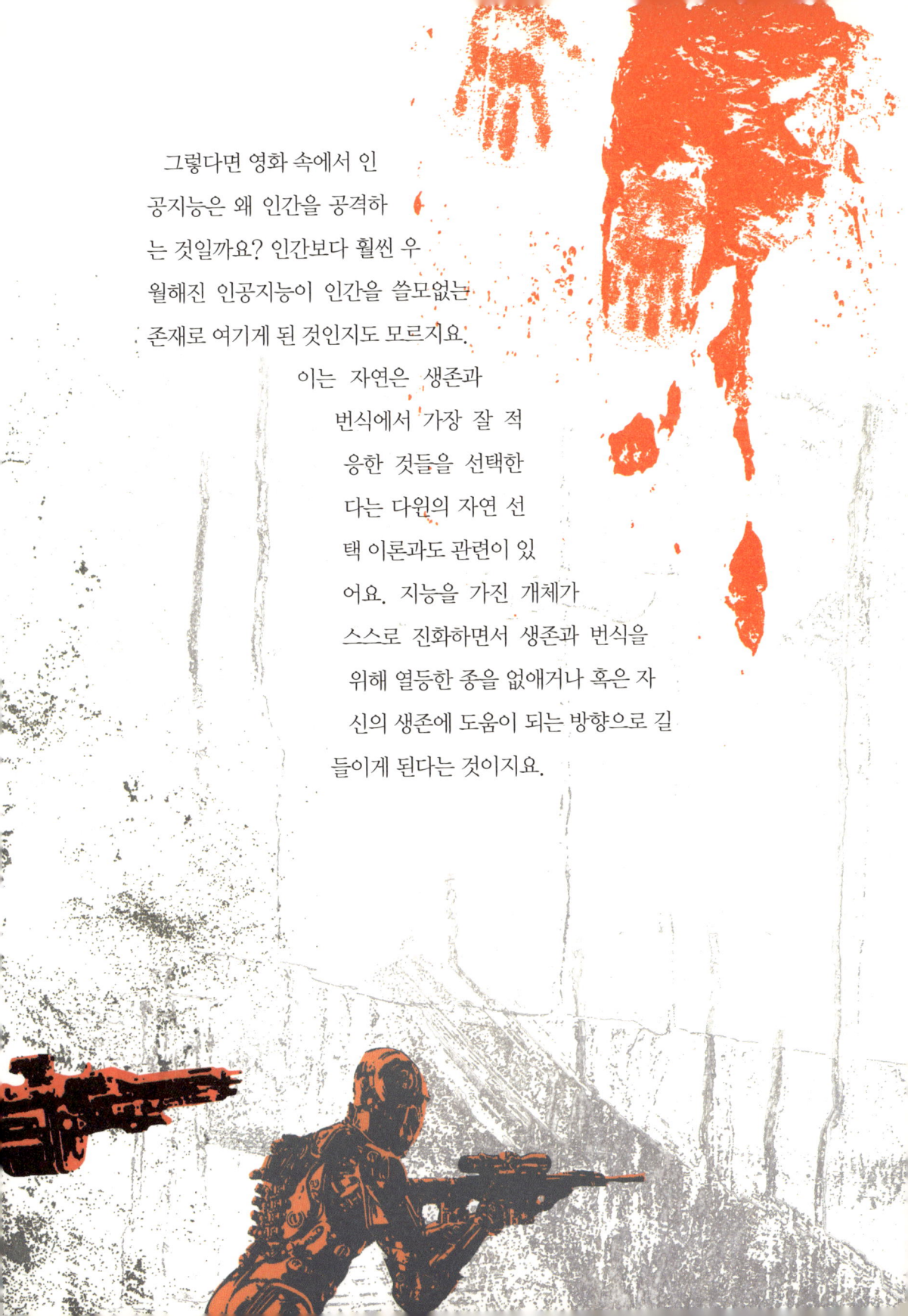

그렇다면 영화 속에서 인공지능은 왜 인간을 공격하는 것일까요? 인간보다 훨씬 우월해진 인공지능이 인간을 쓸모없는 존재로 여기게 된 것인지도 모르지요. 이는 자연은 생존과 번식에서 가장 잘 적응한 것들을 선택한다는 다윈의 자연 선택 이론과도 관련이 있어요. 지능을 가진 개체가 스스로 진화하면서 생존과 번식을 위해 열등한 종을 없애거나 혹은 자신의 생존에 도움이 되는 방향으로 길들이게 된다는 것이지요.

또 인간의 탐욕적인 마음이 인공지능을 통해 드러나게 된 것일 수도 있답니다. 인간이 자신이 만든 인공지능을 악용하는 과정은 진화론보다는 창조론에 가깝지요. 다시 말해 인간의 파멸은 스스로 절대자가 되려는 욕망 때문에 빚어진 것이지요. 〈로보캅〉, 〈프로메테우스〉, 〈기프트〉, 〈이글 아이〉 등의 영화가 그 좋은 예가 된답니다.

영화 〈매트릭스〉는 2199년을 배경으로 인간의 기억을 지배하는 가상현실에 대한 이야기를 다루고 있어요. 인공지능 컴퓨터가 지배하는 세계에서 인공지능은 인간을 가축처럼 인공 인큐베이터에서 양육해 에너지원으로 사용한답니다. 인공지능에 의해 뇌세포에 1999년의 가상현실인 '매트릭스' 프로그램을 입력당한 인간은, 매트릭스 프로그램에 따라 평생 1999년의 가상현실을 살아가지요. 인간의 뇌는 프로그램 안에서 인공지능의 철저한 통제를 받아요. 인간이 보고 느끼는 것들은 항상 그들의 검색 엔진에 노출되어 있고, 인간의 기억 또한 그들에 의해 입력되고 삭제됩니다.

이러한 가상현실 속에서는 아무도 진정한 현실을 인식할 수 없어요. 몇몇 사람만이 매트릭스와 현실을 오가며 인공지능과 투쟁을 벌인답니다. 한 컴퓨터 해커가 매트릭스의 실체를 추적해 나가다 마침내 또 다른 숨겨진 세계, 매트릭스 밖의 우주를 만나 가상현실의 꿈에서 깨어나지요. 그리고 그는 인공지능에게 양육되고 있는 인간의 비참한 현실을 확인하고 매트릭스를 탈출하게 된답니다.

실제로 만물의 영장이라는 인간은 높은 지능으로 다른 동물들을 멸종시키기도 하고 쓸모에 따라 일부 동물을 가축화했지요. 〈매트릭스〉는 비록 극단적인 설정이긴 하지만 인간보다 더 높은 지능을 가진 인공지능이 출현할 경우 인간의 생체 에너지를 그들의 동력원으로 이용하게 될 거라는 건 전혀 상상하기 어려운 이야기도 아니랍니다.

인간과 결합하는 인공지능

'사이보그'는 컴퓨터와 인간의 육체가 합쳐진 합성인간 또는 인조인간을 가리키는 말이에요. 인간보다 지적 능력이 뛰어나고 육체적으로도 강인하며 필요할 경우 소프트웨어를 교체하여 생명도 연장할 수 있는 인간 로봇이랍니다. 교통사고로 눈이나 손, 다리 등을 잃었거나 암 수술 등으로 인해 신체의 일부를 절제한 경우에는 정상적인 사회생활을 돕기 위해 인공 보철물인 의안이나 의수 또는 의족을 해 넣게 되죠. 몸속에 이런 인공 보철물이나 인공 장기를 넣은 사람도 일종의 사이보그인 셈이지요.

또 요즘은 많은 사람들이 기억력의 상당 부분을 스마트폰에 의지하는데, 이것도 사이보그와 무관하지 않답니다. 과학자들은 컴퓨터가 인공신경과 생체 칩의 형태로 개발되어 인간의 육체에 이식된다면 합성인간의 탄생도 가능할 것으로 보고 있답니다.

영화 〈로보캅〉을 비롯하여 〈아이언맨〉〈배트맨〉 등은 인공지능이 인간과 결합한 사이보그에 대한 이야기를 다루고 있어요. 인간의 육체와 지능이 컴퓨터에 밀리기 시작하면서 기계와 결합을 하여 인간 능력의 한계를 뛰어넘으려 하지요.

 2014년에 나온 영화 〈로보캅〉의 머피 형사는 범죄와 무질서로 혼란에 빠진 도시에서 범죄자 일당을 추격하다 끔찍하게 살해당해요. 도시의 범죄를 뿌리 뽑기 위해 '경찰의 로봇화'를 기획하고 있던 한 거대 방위 산업체가 사망진단이 내려진 머피의 죽지 않은 생체 부분을 부품으로 이용하여 머피를 로보캅으로 부활시킵니다. 로보캅은 범죄와의 전쟁에서 놀라운 능력을 발휘하며 평화의 수호자 역할을 해내지요. 마침내 도시는 안정을 찾지만 로보캅은 자신의 정체성에 대해 고민합니다.

 영화에서 로보캅은 스스로가 누구인지 기억하려고 애쓰며 자유의지로 명령에 굴복하기도 하며 상당히 인간적인 모습을 보여 주지요. 그렇지만 기계로 된 로봇인 로보캅은 매일 밤 전기를 머리에 꽂아 충전을 해야 하는 신세랍니다.

 인간의 사고와 로봇의 기술이 결합한 사이보그는 인간형 로봇인 휴머노이드 로봇과는 달라요. 예를 들어 터미네이터는 휴머노이드 로봇이에요. 겉모습은 인간이지만 내부는 초합금으로 만들어진 골격으로 되어 있답니다. 반면 사이보그인 로보캅은 신체의 일부분은 기계이지만 의사 결정의 사고 과정은 인간과 같아요. 간단히 말해 주체가 기계냐 인간이냐의 차이지요. 간단히 말해 사이보그는 반은 인간이고 반은 기계랍니다.

 영화 〈로보캅〉에서 보여 준 최첨단 기술은 아니지만 최근에는 실제로 몸에 착용하는 웨어러블 로봇이 개발되어 신체 활동이 자유롭지 못한 장애인들의 삶에 큰 도움을 주고 있어요. 영화 〈아이언맨〉에서 주인공은 자신이 발명한 웨어러블 로봇을 착용하고 강력한 힘을 지니게 되지요. 머지않아 **사물 인터넷과 웨어러블 로봇 기술이 발전**하게 되면 실생활에서도 로보캅과 아이언맨을 보게 되지 않을까요? 공상과학 영화에나 등장한 기술들이 실제로 현실에서 구현되는 것을 보면서 인간의 상상력은 놀랍다는 생각이 들지요. 이와 같은 미래 세계를 내다보는 인간의 무한한 상상력 속에서 부정적인 것을 미리 걸러내고 보다 바람직한 방향으로 문명의 진화를 이루어 나갈 수 있으리라는 믿음을 가져 봅니다.

 ## '아이언맨 슈트'는 웨어러블 로봇

사이보그는 단순히 영화에서만 나오는 공상과학 이야기가 아니다. 영국의 저명한 인공지능 연구자인 케빈 워릭 교수는 실제로 자기 몸에 생체 칩을 부착하여 컴퓨터와 연결시켰다. 뉴욕에서 인터넷을 통해 신경 신호를 보내 이 신경 신호가 대서양을 건너 영국에서 로봇의 팔을 움직이게 했다. 심지어 아내의 신경계에 칩을 연결해 자신의 감정 정보를 아내에게 전달하는 일도 가능하다. 워릭 교수는 앞으로 신경신호가 읽혀지고 그것이 뇌로 전달되는 게 완벽하게 이루어지면, 신경계가 손상된 환자들을 치료하거나 장애가 있는 사람에게 로봇 팔다리를 이식하여 일상생활을 할 수 있을 것으로 예상한다.

실제로 미국의 한 방위 산업체에서는 전투력 향상을 위해 몸에 착용할 수 있는 웨어러블 로봇을 제작했다. 영화 〈아이언맨〉에서는 보통의 근력을 가진 사람이 이 웨어러블 로봇을 입고 초인이 된다. 그리고 〈엣지 오브 투모로〉에서는 군인들이 무기가 장착된 웨어러블 로봇을 착용하고 전쟁을 한다. 또 미국에서는 오른팔을 잃은 드럼 연주자에게 로봇 팔을 만들어 주어 다시 연주를 할 수 있게 하고, 생체공학 로봇 회사인 '바이옴'에서는 다리 못쓰게 된 댄서가 다시 춤을 출 수 있도록 했다.

우리나라 현대자동차에서도 이 웨어러블 로봇을 제작 중이다. 아이언맨 슈트처럼 온 몸을 뒤덮는 형태가 아니고 안전띠를 매면 누구나 쉽게 착용할 수 있으며, 무거운 물체를 옮겨야 하는 작업장에서 유용하게 쓰인다고 한다. 이 웨어러블 로봇을 착용하면 무거운 것을 들 때도 허리나 무릎에 거의 무리가 가지 않아 근로자의 생산성을 크게 높이고 산업재해도 줄일 수 있다.

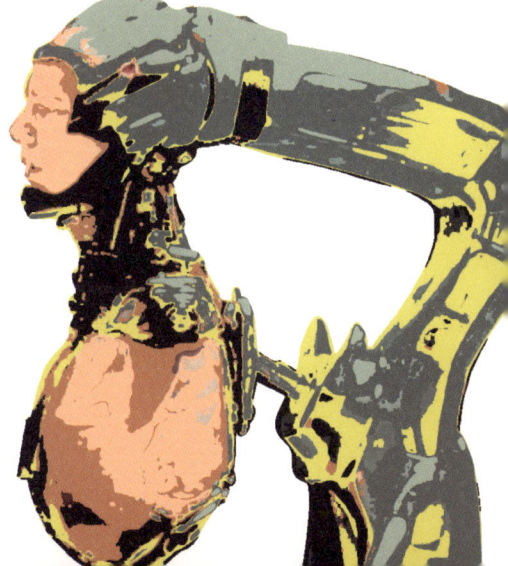

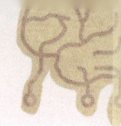

2045년이 되면 사람은 죽지 않는다?

　미래학자 레이 커즈와일은 2005년 자신의 저서 ≪특이점이 온다≫에서 미래 인공지능 시대에 일어날 일들을 예언하며 크게 화제가 되었어요. 여기서 말하는 특이점은 '기술적 특이점'을 가리키지요. 특이점은 인공지능의 미래를 상징하는 용어로, 인공지능이 인간의 지능을 넘어서는 역사적 기점을 의미해요. 사실 기술적 특이점은 천재 수학자 존 폰 노이만이 1953년 처음 언급한 것으로 알려져 있답니다.

　과학자들 사이에서 '21세기의 에디슨'으로 불리는 커즈와일은 특이점의 시점이 언제인지 구체적으로 예언해요. 무엇보다 기술의 발전과 관련하여 정확한 예측을 내놓음으로써 특이점은 예언을 넘어 과학적 예측으로 자리 잡게 되었답니다. ≪특이점이 온다≫에서 커즈와일은 사람들에게 2045년까지는 살아 있으라고 말합니다.

　왜 2045년일까요? 커즈와일의 주장에 따르면, 2045년까지 나노 공학, 로봇 공학, 생명 공학이 큰 발전을 이루어 인간의 수명이 무한 연장될 수 있다고 해요. 또한 그때가 되면 인간의 지능을 가진 인공지능이 등장하게 된다고 말합니다.

커즈와일이 주장한 내용 중에는 이미 현실이 되어 있는 것도 있어요. 예를 들면, '2000년이 되면 모든 사람들이 인터넷을 사용할 것이다.', '2009년 스마트폰이 대중화된다.'와 같은 것들이에요. 스마트폰이 컴퓨터보다 뛰어나고, 휴대하기 편한 크기에 대중적인 가격으로 사용되리라는 것까지 다 맞아떨어졌답니다.

그 밖에도 커즈와일은 2020년에는 현실 세계에 홀로그램 같은 3차원의 가상 정보를 겹쳐서 보여 주는 증강현실이 대중화될 것이고, 2030년에는 가상현실이 대중화되어 현실과 똑같은 감각을 가상현실에서 느낄 수 있게 된다고 해요. 이를 통해 많은 사람들이 집에서 근무를 하게 될 거라고 해요.

또 2040년에는 나노머신이 보편화되어 신체를 바꿀 수 있게 된다고 해요. 나노머신은 크기가 1마이크로미터, 즉 1000분의 1밀리미터보다도 작은 분자 크기 정도의 초소형 기계를 말해요. 나노 기술을 이용해 분자 단위로 물체를 조립하고 해체할 수 있게 되어 사람의 몸도 원하는 대로 개조할 수 있게 될 거예요. 그렇게 되면 외모지상주의가 사라지고 개성이 더욱 중요해지며 성별 및 인종 차별들이 사라질 것이라고 해요.

그리고 2045년이 되면, 사람은 죽지 않는다고 예언해요. 나이가 많은 사람을 젊게 하거나 젊은 사람을 늙게 할 수 있고, 너무 오래 사는 것이 지겨우면 기억을 초기화할 수 있답니다. 불의의 사고로 죽어도 기억을 업로드하여 소생시킬 수 있다고도 하지요. 커즈와일의 말대로 미래 인공지능 시대에 이런 일들이 벌어진다면 우리의 삶은 어떤 변화를 맞게 될까요?

Chapter 6

인류의 친구일까, 적일까?

강한 인공지능과 약한 인공지능

지금까지 인공지능이란 무엇이며, 인공지능 기술 원리와 발전 단계, 그리고 인공지능이 앞으로 우리 삶에 가져올 여러 가지 변화들에 대해 살펴보았어요. 현재 온 인류의 관심이 쏠리고 있는 인공지능 기술은 알면 알수록 놀랍기도 하고 한편으로는 걱정되는 부분도 없지 않아 있답니다. 인공지능 로봇 등이 사람이 하는 일을 대신해 주어 일자리가 많이 없어질 거라는 등 미래에는 더욱 진화된 강력한 인공지능 때문에 인간이 기계에 지배당하는 세상이 될 거라는 등, 사실 부정적인 생각이 드는 것도 당연하지요. 이제 인공지능 기술이 우리 삶에 미치는 영향에 대해 정확히 알아보고, 그 발전된 기술을 보다 효율적으로 사용하기 위해서는 우리가 어떤 마음가짐을 가져야 하는지에 대해 생각해 보기로 해요.

인공지능을 연구하는 학자들은 인공지능을 크게 '약한 인공지능'과 '강한 인공지능'으로 나누어요. 약한 인공지능은 특정한 영역의 문제를 푸는 기술로, 응용 인공지능이라는 말로 불리기도 해요. 강한 인공지능은 약한 인공지능과 달리 특

정한 영역에 국한되지 않고 어떤 문제든 해결할 수 있는 기술 수준을 가리키지요. 말하자면 사람과 똑같이 자유로운 사고를 할 수 있는 인공지능이에요. 강한 인공지능은 흔히 공상과학 영화에서 볼 수 있는데, 예를 들면 〈터미네이터〉의 스카이넷이 바로 강한 인공지능에 해당돼요.

　인공지능의 미래에 대해 이야기하려면 먼저 약한 인공지능과 강한 인공지능의 차이를 이해해야 해요. 알파고는 특정 영역의 주어진 데이터를 가지고 문제를 푸는 약한 인공지능이에요. 한마디로 계산기라고 할 수 있지요. 바둑에서 수많은 경우의 수를 계산하여 인간 천재 바둑 기사를 꺾을 만큼 계산 능력이 뛰어나긴 하지만 단순한 프로그램일 뿐이에요.

　물론 이런 인공지능 프로그램으로 작동되는 기계들은 특정한 부분에서는 일반 사람들보다 훨씬 똑똑해요. 굳이 퀴즈쇼에서 우승한 슈퍼컴퓨터 딥 블루나 바둑의 최고 강자 알파고를 예로 들지 않더라도 인공지능 세탁기는 사람보다 똑똑하게 알아서 척척 빨래를 해 주고, 스마트폰의 음성 인식 기능은 사람이 묻는 말에 즉각 필요한 정보를 찾아 알려 주잖아요. 사람은 스스로 사고를 통해 여러 가지 필요한 일들을 해내지만 이런 기계들은 미리 사람이 넣어 준 데이터를 분석해 문제를 해결한다는 점이 다르지요. 또한 인공지능 기계가 바둑도 두고 퀴즈도 잘 풀고 빨래 등등 여러 가지를 다 잘할 수 있는 것도 아니랍니다.

　강한 인공지능이란 기계가 사람처럼 자아를 갖게 되는 것을 말해요. 사람이 입력한 정보의 범위를 벗어나 스스로 생각하고 목표를 가질 수도 있어요. 만약 인공지능이 인간의 지능을 넘어선다면 어떻게 될까요? 이때부터는 인공지능 프로그램이 스스로 학습하고 새로운 영역에 대한 문제를 푸는 방법을 스스로 찾아낼 수도 있을 거예요.

　학자들은 강한 인공지능이 나오려면 앞으로 몇 십 년은 걸릴 거라고 얘기해요. 또 몇몇 학자들은 강한 인공지능은 영원히 나오지 않을 거라고 보고 있지요. 인간 두뇌에 대한 연구도 아직 많은 부분이 미지수로 남아 있는 상태이므로 강한 인공지능은 절대로 불가능하다고 생각한답니다. 문제는 인공지능이 인간의 상상을 초월하는 속도로 빠르게 진화하고 있다는 거예요. 그래서 강한 인공지능보다 더 높은 단계, 즉 뛰어난 두뇌를 가진 사람보다 더 높은 수준의 초인공지능에 대한 얘기도 나오고 있지만 어디까지나 미래에 대한 상상일 뿐이랍니다.

100년 안에 로봇이 인간을 지배한다

영국의 유명한 우주 물리학자 스티븐 호킹은 통제되지 않은 채 인공지능 개발이 이루어지는 것에 반대한다. 앞으로 100년 안에 인공지능 프로그램이 인간을 넘어설 것이며 그때는 강력한 인공지능을 가진 로봇의 반란이 일어날 것이라고 경고했다. 인공지능 개발이 인류를 멸망으로 몰고 갈 거라고 말이다. 그 밖에도 마이크로소프트 창업자인 빌 게이츠를 비롯하여 많은 사람들이 빠르게 진화하는 인공지능에 대해 우려하는 목소리를 내고 있다. 반면에 구글의 에릭 슈미츠 회장은 인공지능은 인류가 얼마든지 제어가 가능하며 앞으로 우리 삶의 여러 부분에서 크게 기여할 것이라고 본다. 따라서 인공지능을 두려워하기보다 새로운 세계에 대응할 수 있는 교육 등이 필요하다고 주장한다.

공상과학의 악몽이 실현될까?

 "미래는 결정된 게 아니다. 운명은 만들어 가는 자의 것이다."

이 말은 영화 〈터미네이터〉에 나오는 유명한 대사예요. 영화에서 보듯이 인류가 멸망의 위기에 처한 상황에서 우리 인간에게 가장 중요한 깨달음을 주는 말이지요. 구글의 인공지능 알파고가 바둑 천재 이세돌을 꺾음으로써 온 세계가 놀란 가운데 미래의 인공지능에 대한 여러 가지 부정적인 의견들이 쏟아져 나오고 있어요. 인공지능 로봇이 사람이 하는 일을 대신하게 되어 많은 사람들이 일자리를 잃고 밀려나게 될 것이다, 강한 인공지능의 진화로 결국 인공지능 로봇이 세상을 지배하게 될 것이다 등등 공상과학 영화에서나 보던 일이 현실로 일어날 거라고 말이에요.

　인간이 인공지능 기술을 개발한 궁극적인 목적은 인류의 행복을 위한 거예요. 아무리 과학 기술이 발전한다 해도 인간은 이성을 지닌 존재랍니다. 이러한 공상과학 영화들이 나오는 이유는 인류의 끝없는 욕망에 대해 경고를 하기 위한 것이지요.

　실제로 인간은 파괴 본능을 갖고 있어요. 스포츠라는 것도 따지고 보면 인간의 전쟁 욕구를 대신 채워 주기 위해 발전된 것이라고 해요. 요즘 어린이나 젊은이들 사이에 컴퓨터 게임이 대세인 것만 보더라도 알 수 있지요. 어쩌면 인류는 이러한 파괴 본능 속에서 새롭게 발전해 왔는

지도 몰라요. 파괴는 또 다른 창조로 이어지지요. 예술, 사상, 과학 등의 영역에서 새로운 것이 탄생하려면 이미 굳어진 틀을 깨야 하는 것과 마찬가지로요.

인류 역사는 이처럼 끊임없이 낡은 것을 부수고 새로운 것을 탄생시키며 진화를 거듭해 왔어요. 이것은 끊임없이 새로운 것을 추구하고 진화하려는 인간의 욕망과도 관련이 있지요.

하지만 컴퓨터는 본능도 없고 욕망도 없답니다. 감정도 없지요. 알파고가 바둑의 최강자가 되었을 때 기쁘다는 감정을 느꼈을까요? 그저 프로그램화된 대로 자신의 일을 묵묵히 했을 뿐이지요. 기계는 24시간 일해도 인간처럼 지치지도 않고 어려운 것을 성취해도 기뻐할 줄 몰라요. 아무리 뛰어난 인공지능이라도 흉내 낼 수 없는 것이 있어요. 바로 인간의 감정이지요. 로봇은 슬픔, 분노, 좌절, 기쁨 등을 느낄 수 없답니다. 결국 기계는 기계일 뿐이지요. 설령 인간처럼 생각하고 목적을 갖는 강한 인공지능이 나온다 해도 그 기계를 조종하는 것은 인간이고, 만약 인류가 멸망 위기에 처한다면 그것은 인공지능 탓이 아니라 인간의 이성적 사고에 관한 문제입니다.

그래서 기술이 발달할수록 인간의 보다 근본적인 철학적 사고가 중요해지는 것이지요. 도전과 실수와 깨달음의 역사를 반복하면서 인류 문명은 오늘에 이르렀어요. 여기에는 단순히 기계처럼 물리적인 발전만을 꾀하는 게 아니라 인간 존재에 대한 끝없는 통찰이 있었기에 가능했던 것이랍니다.

자, 그럼 여기서 〈터미네이터〉 2편의 마지막 장면을 떠올려 볼까요? 터미네이터는 엄지손가락을 치켜들고 뜨거운 용암 속으로 들어가면서 이렇게 말해요.

"나는 울 수 없지만 왜 우는지 눈물의 의미를 알 수 있을 것 같다."

인간의 감정을 어렴풋이 느끼게 된 기계가 스스로 죽음을 택하는 장면은 코끝이 시큰해질 만큼 감동적이지요. 인류를 위해서 자신의 머릿속에 든 칩을 제거하려는 생각을 한 것이잖아요. 이것을 보면서 과연 기계가 인간의 감정을 느끼게 되었을 때 꼭 나쁜 일이 벌어지는 것만은 아니라는 생각을 해 볼 수 있지요.

인공지능의 윤리와 인간다운 삶

요즘에 나오는 스마트폰은 기능이 다양해서 여러 가지 용도로 사용돼요. 전화 통화나 문자 메시지, 검색, 음악 듣기 등은 기본이지요. 특히 스마트폰으로 찍은 사진의 화질을 높이기 위해 제조업체들은 경쟁을 벌이기도 해요. 따로 카메라가 없어도 얼마든지 멋진 풍경이라든가 친구나 가족과 소중한 추억을 남기거나 아니면 셀카를 찍어 자신의 색다른 모습을 사진으로 담아낼 수 있어요. 만약 스마트폰으로 찍어 저장한 사진 중에서 특정한 장소나 시간에 찍은 사진을 직접 찾아내려면 일일이 한 장씩 넘겨 봐야 하기 때문에 긴 시간이 걸리지요. 그런데 기계는 불과 몇 초 만에 사람의 눈을 대신하여 사진들을 판독하고 장소, 주제에 따라 분류한답니다. 심화 학습 기술을 활용한 인공지능 덕분이지요.

구글 포토는 사용자들이 올린 수백억 장의 사진을 보고 스스로 규칙을 만드는 프로그램이지요. 그런데 얼마 전 구글 포토가 흑인 여성을 고릴라로 분류해 큰 논란을 일으키는 사건이 벌어졌어요. 또 마이크로소프트의 인공지능 채팅 프로그램 '테이'는 사용자와 대화를 하던 중에 여성을 혐오

하는 발언과 욕설을 하는 바람에 마이크로소프트 측에서 바로 서비스를 중단하는 일이 벌어지기도 했어요. 테이는 인터넷에 공개된 정보와 데이터를 분석해 사람과 정상적인 대화를 하도록 개발된 채팅 프로그램이에요. 유머와 유행어를 학습하고 훈련받은 인공지능은 기존에 입력된 데이터의 양보다 훨씬 많은 욕설과 비방하는 글들을 보고 그것이 정답이라고 잘못 판단하게 된 것이지요.

  심화 학습을 하는 기계는 입력된 데이터에 따라 학습 결과가 달라지는데, 어린아이가 아무런 의미도 모르고 욕을 배워 따라 하는 것과 마찬가지랍니다. 인공지능이 빚어낸 사소한 오류가 인종 차별이라는 사회적인 문제로까지 커질 수도 있다는 점을 생각해 볼 수 있지요.

4차 산업혁명의 시대가 예고되면서 인간과 기계의 관계에 역할과 책임이라는 문제가 더욱 중요해졌어요. 이와 함께 인공지능의 윤리에 대해서도 많은 관심이 쏟아지고 있지요. 인공지능 소프트웨어가 사람을 평가한다면 과연 어떤 일이 벌어질까요?

최근 미국 백악관에서는 인공지능이 개인의 신용을 평가하고, 일터에 고용하는 일을 결정하고, 교육과 사회 정의를 실현하는 영역에서 차별이 이루어질 수 있는 위험을 지적하는 보고서를 발표했답니다. 은행에서 대출을 받게 된다고 할 때 인공지능 프로그램이 심사를 맡는다면 과연 정확하고 올바른 판단을 하리라고 장담할 수 있을까요. 개인의 거주지나 친구 및 가족관계, 그 사람의 여가 활동이나 소비 패턴 등의 관련 데이터를 분석해 인종 차별을 할 수도 있다고 볼 수밖에 없답니다.

이와 같이 우리는 인공지능 기술의 발전이 가져올 여러 가지 윤리적 문제를 생각하지 않을 수가 없어요. 인공지능 로봇이 무기로 전쟁에 사용될 수도 있다는 극단적인 상상이 아니더라도 우리 일상생활에서 비윤리적인 문제로 받게 될 고통과 위험에 대해서도 고려해야 해요. 쉬운 예로 인공지능으로 움직이는 무인 자동차가 도로를 달리다 갑자기 차선을 넘어 달려오는 차와 부딪치게 생겼다고 생각해 봐요. 그 차를 피하려고 하면 옆에서 달리는 대형 버스를 들이받게 돼서 더 큰 인명 피해가 나게 될 수도 있어요. 그렇다면 무인 자동차는 학습한 것을 바탕으로 보다 피해가 적은 쪽을 택하는 판단을 하게 될까요? 참 어려운 문제지요. 그래서 인공지능 기술의 사용과 관련해서 여러 가지 법적 장치들이 마련돼야 한다는 얘기도 나오고 있답니다. 어쨌든 중요한 것은 인공지능 프로그램의 윤리를 따지기 이전에 그 프로그램을 만드는 인간의 윤리가 우선되어야 하겠지요.

고대 그리스의 철학자 아리스토텔레스는 모든 인간 행동은 선한 것을 목표로 삼는다고 얘기했어요. 플라톤이 추구하는 영원한 진리도 선은 무엇이고, 선을 어떻게 실천해야 하는가라는 물음에서 시작되었지요. 이처럼 인간이 선을 추구하는 문제는 역사적으로 가장 오래된 주제랍니다. 더불어 사는 사회에서 인간의 옳고 바른 행동은 인류가 보다 행복해지기 위해 반드시 필요한 것이에요. 설령 인간의 수준을 뛰어넘는 인공지능을 만드는 시대가 온다 하더라도 보다 인간적인 윤리 의식이 확고한 바탕이 되는 한 우리는 행복한 삶을 살아갈 수 있게 될 거라고 믿어요.

인공지능 윤리위원회

알파고를 개발한 허사비스는 자신이 세운 딥마인드가 구글에 인수되면서 무엇보다도 인공지능 윤리위원회를 설치해 달라는 요구를 했다고 한다. 이 윤리위원회에서 진행된 논의를 학계나 다른 인공지능 업체와 공유하면서 인공지능을 바람직한 방식으로 개발하고, 올바른 용도로 사용할 수 있도록 노력하겠다는 뜻이다. 구글과 페이스북은 이미 인공지능 윤리위원회를 설치했고, 무인 자동차를 개발하는 벤츠도 이 문제를 연구하고 있다. 이웃 나라 일본에서도 인공지능 윤리위원회가 설립되었는데, 인공지능 기술 연구 자체를 부정하는 게 아니라 인공지능이 비윤리적으로 사용되는 것을 막기 위한 것이다.

미국의 과학 소설가 아이작 아시모프의 소설 〈런어라운드〉에서도 로봇의 3원칙에 대한 이야기가 나온다. 첫째, 로봇은 인간에게 해를 입혀서는 안 되고, 둘째, 인간의 명령에 복종해야 하며, 셋째, 로봇은 이 두 가지 원칙에 어긋나는 행동을 하지 않으며 자기를 지켜야 한다. 이 세 가지 원칙은 오늘날 로봇 공학에서도 이어지고 있다고 한다.

인공지능 로봇과 드론의 인명 구조

　이제 인공지능 로봇과 드론이 위험한 재해 현장에서 사람을 대신하여 구조 활동을 펼치게 되었어요. 수년 전 일본에서는 일본 동북 지방을 강타한 규모 9.0의 지진과 쓰나미로 후쿠시마 제1 원자력 발전소의 원자로 1~4호기에서 엄청난 방사능 누출 사고가 일어났지요. 사고 당시 로봇 최강국으로서 자부심을 가진 일본은 원전 내부로 들여보낼 로봇 하나 없다는 데 충격을 받았어요. 그래서 재해 현장에서 활용할 휴머노이드 로봇(인간의 신체와 유사한 모습을 갖추어 인간의 행동을 가장 잘 모방할 수 있는 로봇) 개발에 대한 연구 및 기술 개발에 온힘을 기울이고 있답니다. 최근 일본 기업 도시바에서 선보인 휴머노이드 로봇은 냉각수로 가득 찬 원자로 내부를 잠수하면서 두 팔로 잔해와 폐연료봉을 제거하는 일을 하고 있지요.

　한편 인공지능 드론도 큰 몫을 하고 있는데, 인간이 쉽게 드나들지 못하는 재해 현장에 투입돼 상황을 전달하는 일을 맡고 있답니다. 드론이 처음 개발되었을 때는 군사용 공격기, 정찰기로 쓰였어요. 하지만 지금은 자연재해 예측, 농업, 인명 구조, 지형도 작성, 물건 배달에 이르기까지 다양한 부문에서 새로운 형태로 진화해 나가고 있지요.

미국 항공우주국 나사에서는 드론이 허리케인을 감시하고 있으며, 사우디아라비아에 있는 과학기술대학에서는 드론을 이용해 홍수를 예측하고 있어요. 또 스위스에서는 드론이 지형을 조사해 3D 지형도를 만들기도 했지요.

마찬가지로 여러 국제기구들도 다양한 방법으로 드론을 활용해요. 세계자연보호기금에서는 멸종 위기에 있는 동물을 파악해 보호 및 구조 활동을 하고 있답니다. 국제무인기협회는 드론을 이용해 씨를 뿌리고 농약을 살포하는 농업 기계화를 구상하고 있지요.

일본의 스카이로봇 사는 인공지능 드론을 사용하여 조난자를 조기에 찾아내는 조난자 구조 시스템을 연구하고 있어요. 등산로에 수신기를 설치해 놓고 공중에서 드론, 그리고 지상에서 구조대원이 함께 등산로에서 벗어난 등산자를 발견하는 시스템이지요. 특히 산악지대에서의 구조 작업은 탐색 범위가 너무 넓고 조난자를 발견하는 데 있어서 신속성과 정확성이 요구되는데, 드론을 이용해 실종자를 조기에 발견해 구조할 수 있어 크게 도움이 된답니다.

우리나라에서도 최근 드론을 활용한 해운대 해수욕장 재난 대응 시스템을 선보였어요. 이 시스템은 관제 센터에서 드론이 보내오는 영상을 통해 재난 여부를 확인하고 필요할 경우 드론에 장착된 구조 장비를 바다로 떨어뜨려 인명을 구조한다고 해요.